RÁPIDO

Guía del profesor

de
Olga Juan Lázaro

DIFUSION

Centro de Investigación y Publicaciones de Idiomas
C/ Bruch, 21. 1º-1ª
08010 Barcelona

Rápido
Curso intensivo de Español

de
Lourdes Miquel López
Neus Sans Baulenas

Guía del profesor
de
Olga Juan Lázaro

Diseño de cubierta:
Ángel Viola

Este libro está impreso en papel ecológico

© Difusión, S. L. Barcelona, 1995
ISBN: 84-87099-48-3
Depósito legal: M. 27.435-1995

Printed in Spain - Impreso en España por Gráficas Rama, Madrid.

ÍNDICE DE CONTENIDOS

INTRODUCCIÓN

Rápido es un curso intensivo de español dirigido a adolescentes y adultos con hábitos de aprendizaje en la adquisición de segundas lenguas, que quieren progresar de forma acelerada en el conocimiento del español.

El estudiante alcanzará un nivel intermedio partiendo de un nivel de principiantes o falsos principiantes. Esta progresión le exigirá un ritmo intensivo de trabajo y un entrenamiento cognitivo que redundarán en su autonomía de aprendiz.

Rápido propone una gran diversidad de materiales para que el alumno pueda acercarse a la realidad cultural de los hispanohablantes y a las diferentes variedades de lengua tanto de la península como del continente americano.

Materiales que componen el curso:

- Libro del Alumno
- 1 Casete de 90 minutos con las grabaciones del Libro del Alumno
- Cuaderno de ejercicios
- Vocabulario Español-Inglés
- Vocabulario Español-Francés
- Vocabulario Español-Italiano
- Vocabulario Español-Holandés
- Guía del profesor

Libro del Alumno:

Las 17 unidades que componen *Rápido* se estructuran en torno a los grandes temas gramaticales, abordados desde la gramática comunicativa.

Cada unidad se organiza en tres partes:

- La primera está compuesta por una variada gama de muestras de lengua orales y escritas que pondrán al alumno en contacto con los nuevos contenidos.

- La segunda es un resumen de los contenidos gramaticales, nocio-funcionales y discursivos de la unidad.

La tercera está formada por toda una serie de ejercicios, actividades y tareas para movilizar y fijar los recursos presentados en cada unidad, practicando las diferentes destrezas e integrándolas.

Casete:

Las grabaciones reproducen parte del *input* o de los materiales de presentación de las unidades, y los textos de las actividades que plantean una práctica de comprensión auditiva.

También se incluyen diferentes muestras de lengua con el fin de hacer observar a los alumnos los fenómenos que caracterizan el sistema fonético español: los rasgos específicos de cada fonema y sus variantes, el acento, la entonación y las pausas de los enunciados en el discurso oral.

Los locutores son tanto españoles como hispanoamericanos, para que los estudiantes se acostumbren a diferentes acentos y esto no dificulte una buena interacción entre ellos e interlocutores cuyo medio de comunicación sea el español.

Cuaderno de ejercicios:

Es un material complementario en el que se proponen ejercicios para practicar los aspectos formales de las 17 unidades, reflexionando sobre la morfología y la sintaxis presentadas en cada unidad, actividades específicas para la fijación de las estructuras gramaticales y ejercicios para la adquisición del léxico.

Guía del profesor:

En la guía didáctica se exponen los objetivos que subyacen a cada una de las actividades junto a consideraciones sobre los principios metodológicos y pedagógicos que las inspiran. También se ofrecen sugerencias para ampliar las actividades, aprovechando la motivación que haya podido provocar entre el grupo. Son, en general, propuestas que generan diferentes dinámicas de clase o integran otras destrezas lingüísticas.

ALGUNAS ANOTACIONES SOBRE LA *GUÍA DEL PROFESOR*

Rápido está concebido en tres bloques para que cada grupo, profesor y estudiantes, puedan ir integrando, según sus hábitos de aprendizaje y según sus necesidades e intereses, los elementos de las diferentes partes e ir configurando su propio orden de trabajo. Esta consideración nos ha hecho optar por un orden lineal a la hora de comentar las actividades de cada unidad, es decir, de la primera actividad a la última.

Cada una de las unidades se inicia con un cuadro de OBJETIVOS GENERALES en el que se especifican los objetivos funcionales, discursivos y estratégicos, los contenidos gramaticales y los tipos de textos con los que se va a trabajar.

El segundo apartado está formado por ¿CÓMO LLEVAR RÁPIDO AL AULA?, que se subdivide, respetando las partes de *Libro del Alumno*, en **Materiales y actividades de presentación**, con comentarios y sugerencias sobre las actividades y tareas de la primera parte, antes de las páginas gramaticales, y **Ejercitación**, con las actividades y tareas de la tercera parte, después de la gramática.

Hemos considerado conveniente, en el comentario a los materiales, actividades y tareas, diferenciar entre una introducción de la actividad, con un análisis de objetivos en el que se concretan las destrezas lingüísticas trabajadas, el tipo de actividad (de controlada a libre), y se especifican, si así es el caso, los recursos y elementos que se proponen trabajar; y un posterior comentario sobre su dinámica en el aula, atendiendo a la relación profesor-alumno/alumno-alumnos.

Las posibles observaciones a las explicaciones que forman parte del apartado de **Gramática** del *Libro del Alumno* se han ido integrando en los comentarios sobre las actividades, cuando así se ha considerado necesario.

Se han incluido, también, las transcripciones del casete correspondientes a las actividades de comprensión auditiva cuya transcripción no aparece en el *Libro del Alumno* (identificadas con el símbolo $\boxed{\bigcirc\bigcirc}$), además de las soluciones a los diferentes ejercicios con fotos, imágenes, enunciados falsos, etc.

Por último, se ofrece una propuesta incorporando el material del *Cuaderno de ejercicios* (señaladas con $\Rightarrow$), que el profesor puede optar, dependiendo de las necesidades del grupo, por seguir o modificar.

Sólo nos resta decir que en esta Guía, con el fin de simplificar los comentarios, se han utilizado las abreviaturas A(= alumno), AA (= alumnos) y P (= profesor).

OBJETIVOS GENERALES

●●●● El A reflexiona sobre las necesidades que quiere cubrir en su aprendizaje del español, y se le ofrecen recursos para expresarlas.

Se sensibiliza al A respecto a los conocimientos y estrategias de las que ya dispone para enfrentarse al aprendizaje de la nueva lengua (deducir significados, inferir reglas, contrastar informaciones, etc.). Es decir, se estimula, ya desde el primer momento, su autonomía de aprendizaje.

Se proporcionan los recursos elementales del control de la comunicación: preguntar cómo se dice, se pronuncia, se escribe o se traduce algo.

●●●● Se presentan aspectos muy simples:
- las reglas básicas de correspondencia entre la escritura y la pronunciación,
- las terminaciones de las tres conjugaciones verbales,
- **para** + *Infinitivo*,
- la entonación de las frases interrogativas.

●●●● El A trabajará con diferentes registros de lengua y diferentes canales (un texto informativo y otro con forma de folleto publicitario, una encuesta e intercambios orales).

Se hace tomar conciencia a los AA de la gran variedad de culturas y pueblos cuya lengua común es el español. En concreto, se presentan objetos y obras de arte que internacionalmente identifican a España, para que el P y el grupo puedan evaluar su conocimiento de la cultura española y su relación con ella. Desde el primer momento se quiere plantear la indisociabilidad entre lengua y cultura.

¿CÓMO LLEVAR *RÁPIDO* AL AULA?

MATERIALES Y ACTIVIDADES DE PRESENTACIÓN

1 ●●●● Con este texto "semi-oculto" se pretenden movilizar las estrategias cognitivas del A al mismo tiempo que se empieza a plantear una manera concreta de entender el aprendizaje de una lengua.

El conocimiento que el A tiene del mundo y de otras lenguas le permitirá deducir gran parte del vocabulario que se ha seleccionado (las palabras visibles corresponden a nombres de países, son palabras con una referencia internacional, son términos para designar elementos gramaticales, etc.), y esto le permitirá hacer hipótesis sobre el tema del texto (aun sin saber español, y con aproximadamente un 50% ilegible, o sea, oculto). Con esto se consigue, por una parte, motivar al A en su primer acercamiento al español; por otra parte, se empiezan a movilizar los recursos para desarrollar las estrategias de comprensión lectora. El A debe tomar conciencia de que siempre se enfrentará a la nueva lengua con un conocimiento parcial, lo que no debe impedirle tratar de comprender el sentido general.

En definitiva, se trata de presentar al A los objetivos de *Rápido* y cómo se va a plantear el trabajo. En clase se va a estimular el proceso del aprendizaje mediante estrategias cognitivas que ayuden al A a ser el protagonista en su aprendizaje ("aprender a aprender").

●●●● Antes de que los AA lean individualmente el texto, el P puede explicar los objetivos de esta actividad motivadora y, después, hacer una primera lectura en voz alta.

Los AA, en su lectura, tendrían que ir anotando las palabras que entienden y hacer una hipótesis sobre el sentido general del texto.

En una puesta en común, que se puede hacer en la lengua vehicular de la clase, si es que la hay, sería conveniente que el P se interesara por cómo ha resultado la experiencia para los AA, es decir, si ha sido difícil, cuántas palabras han entendido, si es interesante esta mecánica, etc.

Si no existe una lengua vehicular, se puede trabajar con preguntas de comprensión que se apoyen en el texto:

- ¿De qué crees que trata?
- ¿Qué vamos a hacer en clase?
- ¿En cuántos países se habla español?

No debe impedirnos formular estas preguntas el hecho de que los AA no dispongan todavía de formas lingüísticas para responder correctamente, dado que se trata simplemente de un primer trabajo de sensibilización y motivación. En la unidad 2 tendrán el texto completo, y en la actividad 2 de esta unidad se les ofrecen los recursos imprescindibles para controlar la comunicación en el aula.

⇨ Cuaderno de Ejercicios: 6

2 ●●●● Se ofrecen al A los recursos básicos de control de la comunicación. Son recursos esenciales para controlar también la propia dinámica del aula.

●●●● Conviene dirigir la atención del A a la imagen que contextualiza los microdiálogos que aparecen en los bocadillos (se trata de una clase de español y el A va a necesitar cotidianamente los recursos presentados). Se puede proceder a su lectura individual antes de escuchar el casete o al mismo tiempo que se escucha.

Para practicar estos recursos los AA pueden sustituir los términos en cursiva por otros, y aplicar los recursos ejemplificados al texto 1, tal y como se indica en el ejemplo.

También se puede proponer a los AA un pequeño juego: cada uno piensa en tres palabras que desea conocer en español relacionadas con algún tema que le interese. Los exponentes que aquí se proponen le ayudarán a obtener esa información de su profesor.

3 ●●●● Se plantea, a partir de un texto con forma de folleto publicitario, un trabajo de inferencia de algunos aspectos formales (la expresión de la finalidad con **para** + *Infinitivo* y los tres grupos de verbos según su terminación: -**ar**, -**er**, -**ir**), al mismo tiempo que el A puede reflexionar sobre qué necesidades pretende cubrir con el aprendizaje del español.

●●●● Los AA tendrán que aplicar lo presentado en las actividades 1 y 2 para trabajar sobre el significado y la pronunciación de lo que aparece en el texto. Pueden leerlo individualmente y, luego, en pequeños grupos, preguntar a sus compañeros por lo que no han entendido (es un texto sin grandes dificultades de comprensión por los nombres propios usados y gentilicios, así como por la semejanza en diferentes idiomas de términos como *literatura*, *cultura*, etc.):

- ¿Qué significa *entender?*
- ○ *¿Descubrir* significa ....?
- ¿Y en francés?

Se puede hacer una puesta en común resolviendo los problemas que no hayan tenido solución en el trabajo de grupos. Después, el P puede ir preguntando a los AA **¿Para qué quieres aprender español?** o **¿Para qué aprendes español?** Formular estas preguntas puede ayudar a comprender, sin más explicaciones, el uso de **para** + *Infinitivo*, como una estructura que expresa finalidad. También nos podemos ayudar de la presentación gramatical de la pg. 11.

Por último, los AA tendrán que realizar el trabajo de inferencia que se propone en la actividad: llegar a la conclusión de que los infinitivos terminan en -**r**, y que hay tres grupos: -**ar**, -**er**, -**ir**. El P podrá explicar, en la lengua vehicular de la clase, que acaban de conocer los Infinitivos de las tres conjugaciones verbales del español.

⇨ Cuaderno de Ejercicios: 5

4 ●●●● Se trata de una primera sensibilización del A ante las correspondencias entre escritura y pronunciación en español.

●●●● En el primer bloque de palabras, los AA notarán que existe, en general, una gran correspondencia entre sonidos y escritura. No obstante, en el segundo bloque, aparecen ciertas peculiaridades del sistema ortográfico: la hache no se pronuncia, las grafías **z-ci-ce** corresponden a un mismo sonido, la be y la uve se pronuncian igual, etc. El A irá descubriendo por sí mismo estos fenómenos a partir de la audición y la lectura.

Si el grupo de AA tiene la misma lengua materna, puede hacerse un pequeño trabajo contrastivo.

La consulta de las pgs. 12 y 13 muestran al A una visión completa de los sonidos y grafías del español.

⇨ Cuaderno de Ejercicios: 1-2-3

5 ●●●● Se presentan las curvas entonativas de algunas estructuras que los AA han conocido en esta primera unidad: preguntas con partícula interrogativa y sin partícula, verificación de una hipótesis.

Este trabajo de sensibilización pretende que los AA tomen conciencia de la esencial importancia de los fenómenos entonativos.

●●●● Se puede hacer observar que es obligatorio el uso de los dos signos de interrogación o exclamación.

Tras el trabajo de audición, los AA pueden intentar reproducir los esquemas entonativos que se analizan.

⇨ Cuaderno de ejercicios: 4

EJERCITACIÓN

6 ●●●● Práctica oral de la estructura **para** + *Infinitivo* y del vocabulario que se sugiere con los dibujos.

●●●● Para hacer más dinámica la práctica de esta actividad, se puede hacer una "tormenta de ideas" con las palabras que a los AA les sugieran los dibujos. Algún A, o el propio P, puede ir escribiendo las palabras en la pizarra, así los AA se sentirán más seguros a la hora de construir las oraciones que se les piden, ya que no será un obstáculo la falta de vocabulario. El ejercicio 7 del *Cuaderno de Ejercicios* puede servir también de ayuda.

Se puede proponer trabajar a los AA según el siguiente modelo:

- ¿Para qué estudias (tú) español? (*dirigiéndola un A a otro*)
- Yo estudio español para.../Yo para.../Estudio español para.../Para...

⇨ Cuaderno de Ejercicios: 7

7 ●●●● Los AA deben reaccionar ante seis enunciados concretos, que ejemplifican recursos planteados a lo largo de la unidad, con el esquema *pregunta-respuesta de los AA.*

●●●● Es importante que los AA sepan a qué tipo de actividad de audición se enfrentan y que tengan definidos los objetivos de su trabajo.

Se puede trabajar de varias formas: tras una primera audición global, se pasa a una segunda audición con pausas durante la cual los AA irán anotando posibles reacciones.

Se puede también, si se considera que los AA están ya preparados, ir pidiendo reacciones espontáneas de forma oral.

|○○| **Transcripción:**

1. *¿Venezuela* se escribe con *uve* o con *be?*
2. *¿Libro* significa *Buch?*
3. *Estudiante* significa *Student,* ¿verdad?
4. ¿Cómo se pronuncia: *Chile* o *Schile?*
5. ¿Qué significa *periódico?*
6. ¿Cómo se escribe *vivir?*

⇨ Cuaderno de Ejercicios: 10

8 ●●●● Los AA van a poder repasar y clasificar parte del vocabulario aparecido hasta ahora atendiendo a la ortografía.

●●●● En parejas o en grupos, los AA pueden hacer sus listas con las palabras que recuerden. Al final del juego, gana el equipo que más palabras haya escrito. En la pizarra se pueden escribir listas con todas las palabras que han anotado los diferentes grupos, y aprovechar para recordar las reglas ortográficas.

⇨ Cuaderno de Ejercicios: 8-9

9 ●●●● Se trabaja, con un documento en forma de encuesta, la estructura **para** + *Infinitivo* como expresión de la finalidad.

El P descubrirá cuáles son las motivaciones de los AA para aprender español y, a lo largo del curso, podrá hacerles propuestas de acuerdo con sus necesidades y expectativas, es decir, personalizar su quehacer didáctico. Se trata, en definitiva, de un análisis de necesidades.

●●●● Después del trabajo de comprensión y reflexión individual para poder responder a la encuesta, se puede pedir al A que exponga ante sus compañeros sus respuestas. Probablemente cada A tenga más de un motivo, por lo que necesitará la conjunción

y para articularlos (conviene ofrecerles ya este recurso, aunque se presentará en la siguiente unidad).

⇨ Cuaderno de Ejercicios: 11

10 ●●●● Acercamiento a la cultura española a través de algunos de sus elementos caracterizadores o típicos. La actividad servirá también al P para determinar qué grado de conocimiento tienen los AA de la cultura española.

●●●● Sería muy interesante, si es que existe una lengua vehicular, trabajar en pequeños grupos sobre el *collage*. Seguramente, los AA conocen casi todos los elementos que aquí aparecen y pueden decir algo acerca de ellos, pero no pueden nombrarlos en español.

Después, entre todos, se puede ir completando el *collage* con los nombres españoles reutilizando los recursos de control de la comunicación. También se pueden ir dando algunas explicaciones de interés cultural. Un mapa puede ser de gran ayuda, será el primer contacto con la geografía española y, a la vez, los AA pueden ir asociando los elementos que tienen con las regiones a las que pertenecen.

Se puede pedir a los AA que mencionen algún otro aspecto de la cultura española, lo que redundará en un mejor conocimiento, por parte del P, del nivel de información y de los intereses de los AA.

●●●● Las imágenes corresponden a: toro del *Guernica* de Picasso, balcón con flores, aceite de oliva, abanico, sello con la imagen de los Reyes de España, logotipo de Iberia y de la Expo '92, escultura de Miró, jamón, vinos, naranjas, paella.

OBJETIVOS GENERALES

●●●● El A puede comprobar la validez de las estrategias de comprensión lectora puestas en marcha en la unidad 1, constatando la exactitud de sus hipótesis.

Se guía al A para que desarrolle estrategias de inferencia de reglas tanto gramaticales como pragmáticas. Los elementos aparecen contextualizados con imágenes, gráficos y enunciados reales completos.

●●●● Se presentan al A:
- los morfemas de género y número de los artículos y los sustantivos,
- la presencia y ausencia del pronombre sujeto,
- los morfemas de persona del Presente de Indicativo regular y el Presente de Indicativo de los irregulares **ser**, **tener** e **ir**,
- los numerales cardinales,
- las oraciones coordinadas con las conjunciones **y**, **o**, **pero**,
- una reflexión sobre la sílaba tónica.

●●●● Se describe la situación lingüística de España. Se invita al A a reflexionar sobre cómo se aprenden idiomas, y se da información sobre las relaciones de los españoles con el estudio de idiomas.

¿CÓMO LLEVAR *RÁPIDO* AL AULA?

MATERIAL Y ACTIVIDADES DE PRESENTACIÓN

1 ●●●● Con el texto completo los A ven confirmadas, o no, las expectativas o hipótesis que se han formado en la unidad 1. Comprueban, así, la validez de la estrategia propuesta (reconstruir el sentido de un texto a partir de la comprensión parcial de sus partes).

El texto presenta, por un lado, un contenido cultural: el español es una lengua que se habla en 22 países. Por otro lado, se plantean los objetivos del curso, los contenidos y la forma de trabajarlos: al A se le presenta una concepción de aprendizaje, y es el momento de constrastar sus expectativas con las propuestas didácticas de *Rápido*. En concreto, se le invita a reflexionar sobre el hecho de que:

- lengua y cultura son indisociables (por **cultura** hay que entender tanto la cultura académica y artística como el conjunto de costumbres, hábitos y creencias de las personas que hablan un idioma),
- aprender un idioma implica poner en práctica una serie de estrategias adecuadas a cada momento de aprendizaje y a las diferentes destrezas (comprensión lectora y auditiva, producción escrita, producción oral, interacción escuchar-hablar),

- la lengua se manifiesta a través de diferentes canales,
- el aula es un marco natural de aprendizaje rico en experiencias, y es necesario crear una dinámica de comunicación y cooperación entre profesor y compañeros (extrapolable a otras situaciones de comunicación).

●●●● El P puede proponer, como primer acercamiento al texto, una lectura individual. Luego, a fin de que los estudiantes se vayan familiarizando con el sistema fonético del español y sus grafías, se pueden leer entre todos los diferentes párrafos. Durante la lectura se pedirá a los AA que usen los recursos de control de la comunicación que se han presentado en la primera unidad para preguntar el significado de los términos que desconocen.

El mapa de la pg. 11 del *Cuaderno de Ejercicios* puede ayudar a situar los diferentes países en los que se habla español.

Puede, si le parece oportuno, organizar un concurso a modo de juego: los AA, con los libros cerrados, tratan de recordar el máximo número de países en los que se habla español y anotarlos. Si cree que sus AA disponen ya de un cierto conocimiento del mundo hispánico, puede pedirles una actividad similar con cosas típicas o personalidades de países hispanohablantes o relacionadas con ellos.

2 ●●●● Se plantea un trabajo de observación de la lengua e inferencia, en este caso, de algunas cuestiones gramaticales: reconocimiento de diferentes categorías, como son los artículos, sustantivos y verbos, y un primer acercamiento a las variaciones morfemáticas de número.

●●●● Los AA pueden trabajar en parejas para luego realizar una puesta en común (en la pizarra se pueden ir apuntando los resultados de sus análisis). Puede ser el momento adecuado para presentar el cuadro de la pg. 22.

3 ●●●● El A tendrá que realizar un trabajo de inferencia a partir de los microdiálogos y las imágenes que los contextualizan: la flexión verbal del Presente de Indicativo de los verbos regulares de la primera conjugación **hablar** y **estudiar**; los pronombres personales sujeto -presencia y ausencia-; la estructura de la oración *sujeto + verbo + complemento*.

●●●● Se puede presentar la audición paralelamente a la lectura de las transcripciones. Después, puede hacerse un pequeño trabajo de transferencia: los AA intercambiarán información sobre su propia relación con los idiomas (qué idiomas conocen y en qué grado), por ejemplo:

• Michel, ¿tú hablas italiano?
○ No, yo sólo hablo francés...

Por parejas o individualmente, pueden llevar a cabo el trabajo de inferencia que se plantea al pie de la ilustración. Luego se puede hacer una puesta en común y trabajar en la pizarra el análisis detallado de los elementos.

En la pg. 21 se presentan las conceptualizaciones gramaticales y pragmáticas. A los AA les facilitará mucho saber desde el principio que existen morfemas verbales característicos de las diferentes personas, que se repiten con cada tiempo, excepto para el Imperativo (que tiene los suyos propios):

	singular	*plural*
1ª persona		**-mos**
2ª persona	**-s** (excepto en el Pretérito Indefinido)	**-is**
3ª persona		**-n**

Respecto a los pronombres personales sujeto, el P dirigirá la atención de los AA hacia las diferencias que hay entre los microdiálogos de la primera situación y la entrevista profesional de la viñeta. Los AA tendrán que observar que:

- el morfema de persona del verbo hace que muchas veces no sea necesario especificar el pronombre,
- el pronombre es necesario en intercambios comunicativos que marcan contraste entre los interlocutores (de opinión, para marcar a quién nos dirigimos en un grupo, etc.).

4 ●●●● El A podrá volver a poner en práctica las estrategias de comprensión lectora (lo importante es, en un primer momento, extraer las ideas generales), en un texto que trata sobre la importancia de los idiomas en la sociedad actual y los hábitos de estudio y aprendizaje.

Es un texto que no presenta gran complicación sintáctica (oraciones simples, las conjunciones **y, o, pero**, y la 3ª persona singular y plural de los verbos regulares y **tener**).

●●●● El P puede ir leyendo el texto en voz alta (como trabajo de sensibilización fonética y entonación) mientras los AA:

- anotan las ideas principales de cada párrafo,
- utilizan los recursos de control de la comunicación para preguntar por los significados de términos que les crean problemas de comprensión.

La interpretación del gráfico será un apoyo para el A (su conocimiento del mundo le permite descifrar los datos que aparecen).

Antes de responder a las preguntas que se proponen, se puede hacer un trabajo de comprensión sobre las ideas aparecidas en el texto.

La respuesta a las preguntas situadas a pie de página permitirá, si se hace de forma colectiva y oral:

- verbalizar contenidos y formas, que ya han sido presentadas en forma de discurso escrito,
- usar las mismas estructuras para transmitir otros contenidos (comentar la situación de las escuelas de idiomas en su país).

Las pgs. 22 (usos de las conjunciones **y**, **o**, **pero**; las respuestas a preguntas cerradas: **sí/no**) y 23 (los numerales) pueden resultar de utilidad como material de apoyo en las explicaciones.

⇨ Cuaderno de Ejercicios: 3

EJERCITACIÓN

5 ●●●● Los AA intercambian información sobre los idiomas que conocen y en qué grado los dominan. Se les ofrecen determinados exponentes, con el fin de controlar la producción en este intercambio y automatizar su uso.

●●●● Se puede proponer, primero, un trabajo en parejas (con los verbos **hablar** y **estudiar**, que ya conocen) y sugerir que anoten las respuestas para que cada uno exponga las del compañero en una puesta en común . Esto nos habrá permitido practicar el Presente de Indicativo con las personas del singular.

⇨ Cuaderno de Ejercicios: 11-12

6 ●●●● Trabajo de inferencia sobre los morfemas de género y número de los artículos determinados y los sustantivos, planteado como un juego-concurso.

●●●● Con el texto 1 delante, se puede proponer el análisis morfológico sugerido. Se puede trabajar primero en parejas y luego hacer una puesta en común, dejando que los estudiantes expongan primero sus conclusiones. La sistematización de la formación del plural y el femenino aparece en la unidad 3, pg. 31.

⇨ Cuaderno de Ejercicios: 10

7 ●●●● Se trata de una propuesta para practicar los numerales cardinales contextualizándolos en enunciados que ya se han trabajado en las dos unidades.

●●●● Se pueden revisar primero los numerales (pg. 23) y hacer algún juego para practicarlos en grupo, por ejemplo, los AA verbalizan series de números en cadena , primero sumando 2, luego 3... (2, 4, 6, 8... ó 3, 6, 9, 12...), y se van eliminando los concursantes que fallan.

⇨ Cuaderno de Ejercicios: 7

8 ●●●● Práctica fonética de reconocimiento de las sílabas tónicas.

●●●● Se puede explicar al A el objetivo del ejercicio y escuchar primero el casete sin texto (incluso se puede plantear que intenten escribirlas según las oyen). Luego, en una segunda audición y con el texto delante, se pueden ir marcando las sílabas tónicas.

Si se quiere ampliar la actividad, se pueden añadir otras palabras, preferentemente conocidas por los AA, de modo que no generen problemas de comprensión.

➡ Cuadeno de Ejercicios: 13

9 ●●●● Con una presentación lúdica, hacer un puzle, se plantea la combinación de las conjunciones coordinantes **y, o, pero**.

●●●● Antes de hacer la actividad, y como una forma de recordar los usos de las conjunciones que se proponen, se puede pedir a los AA que en parejas construyan frases con ellas y que reflexionen sobre su uso.

➡ Cuaderno de Ejercicios: 1-4

10 ●●●● Práctica planteada como un juego para la producción y el reconocimiendo de los números cardinales.

●●●● El repaso de la pg. 23 puede ayudar a realizar la actividad.

11 ●●●● Práctica de la morfología del Presente de Indicativo regular e irregular contextualizada en pequeños intercambios comunicativos.

➡ Cuaderno de Ejercicios: 2-5-6-8. Nótese que en el ejercicio 8 se trabaja la presencia y ausencia del pronombre personal sujeto; puede ser un buen complemento de la actividad 11 el volver a trabajar este tema de forma contextualizada.

12 ●●●● En la actividad 4 se ha introducido brevemente el tema de las diferencias lingüísticas de España, aquí se retoma como tema central y se presenta desde un trabajo de comprensión auditiva y lectora.

●●●● El trabajo de comprensión lectora servirá como preparación de la comprensión auditiva. Durante la audición, los AA pueden ir tomando notas: primero para captar qué personas se oyen y de qué regiones proceden. Después, se puede hacer una segunda audición fijándose en el resto de las informaciones que se dan. Con un compañero pueden completar las notas tomadas y verificar sus datos en una tercera audición antes de la puesta en común.

|OO| **Transcripción:**

1. • Yo soy catalán, y hablo catalán y castellano. Bueno, español. Catalán y español. Hablo español pero con acento catalán. Los catalanes somos más de seis millones de personas y casi todos hablamos catalán. En muchas escuelas se estudia todo en catalán. Hay periódicos en catalán, mucha literatura, televisión, radio...

2. • Yo soy gallego, de Coruña. Hablo gallego en casa pero en el trabajo hablo castellano. No escribo en gallego, no..., pero mis hijos sí. Los jóvenes ahora estudian gallego en la escuela.

3. • Yo soy andaluza, de Sevilla. En Andalucía se habla español pero con acento andaluz. Con mucho acento andaluz, vamos... Pronunciamos muy diferente la ce y la ese y la(s) ce hache..., por ejemplo, ¿no?

4. • Yo hablo vasco. Vasco, bueno, euskera. El vasco también se llama euskera. En el País Vasco hablamos euskera pero también hablamos español. Pero con acento vasco. En las escuelas vascas, ikastolas se llaman, estudiamos todo en vasco: geografía, historia, matemáticas... El español es como una lengua extranjera. O sea, que estudiamos vasco -euskera-, español y francés o inglés.

5. • Yo soy valenciana y hablo valenciano. El valenciano es un dialecto del catalán, dicen...

6. • Y yo soy de Mallorca y hablo mallorquín. Es como el catalán, pero un poco diferente: el acento, algunas palabras, algunos verbos, los artículos...

13 ●●●● Esta tarea global, después de la práctica controlada de los diferentes puntos, permitirá movilizar todos los contenidos presentados en la unidad. Se pretende que los AA organicen un discurso escrito reutilizando el vocabulario y las estructuras de las que disponen. Los AA tienen que acostumbrarse a reutilizar lo que van viendo e ir, de este modo, controlando la adquisición de los nuevos recursos.

⇨ Cuaderno de Ejercicios: 9-14

OBJETIVOS GENERALES

●●●● Se presentan y practican los recursos básicos para identificar, definir y clasificar cosas, lugares y personas.

Se va a trabajar con diferentes tipos de documentos (escritos, orales y gráficos), y se van a poner en práctica diferentes estrategias de aprendizaje y comunicación.

En el nivel del discurso, se sensibilizará al A ante las diferencias entre un discurso escrito y oral (selección de vocabulario, conectores, estructuración del discurso...).

●●●● Se presentan al A:
- algunos de los elementos gramaticales del grupo nominal (determinantes, sustantivos, adjetivos, oraciones de relativo como complemento, usos de la preposición **de**),
- usos de **ser** (**ser** + *sustantivo/adjetivo*),
- las partículas interrogativas **qué**, **quién/-es**,
- la vibrante simple y múltiple (**r/rr**).

●●●● Se da información sobre Perú y la sociedad peruana, y sobre algunos monumentos y lugares de la geografía hispana. Se explica, también, el funcionamiento de los patronímicos en español.

¿CÓMO LLEVAR *RÁPIDO* AL AULA?

MATERIAL Y ACTIVIDADES DE PRESENTACIÓN

1 ●●●● En un contexto que reproduce una situación real (unos amigos comentan a través de diapositivas su viaje a España a otros amigos) se presentan al A los recursos básicos para identificar y dar información sobre diferentes realidades extralingüísticas (objetos, lugares y personas). En definitiva, se trata de capacitar a los alumnos a participar en intercambios en los que un interlocutor no sabe qué es/quién es algo/alguien (A es B).

Estos recursos tienen una gran rentabilidad, pues sirven también para definir, categorizar, clasificar e incluso valorar.

Desde el punto de vista formal, es un momento idóneo para plantear, de modo sistemático, el tema de los determinantes y el de la concordancia en el grupo nominal.

●●●● Mediante los microdiálogos entraremos en la fase de contacto con los objetivos de la unidad. Los AA necesitarán escuchar varias veces el casete y apoyarse tanto en las ilustraciones como en la transcripción del *Libro del Alumno*. Es imprescindible que los AA entiendan en qué contexto tienen lugar los diálogos: a partir de ahí, se podrá invitar a los AA a que prevean las cosas que van a decirse, a que recuerden qué intenciones suelen desarrollar los hablantes en una situación comunicativa como ésta, etc. Esta fase de formulación de hipótesis preparará y facilitará la comprensión de los diálogos.

Gracias al soporte gráfico, al tipo de temas a los que se alude (muy conocidos internacionalmente), y al trabajo previo a partir de la situación, los AA encontrarán escasos problemas de comprensión. El P puede pasar a un trabajo de observación y de inferencia de reglas y estructuras, paralelo a las preguntas de comprensión (ver actividad 3).

Debería poderse reconstruir, entre todos, la siguiente lista de estructuras:

¿Qué es (esto/ *nombre...)?*   **(Éstos) somos / son...**
(Esto) es un/una...   **un amigo que...**
(Esto) es el/la...   **una cosa que...**
(Éste/ esto) es + *nombre propio*   **un sitio donde...**

Conviene que los AA observen la diferencia entre las preguntas **¿Esto qué es?** (se puede dar la variante sintáctica **¿Qué es esto?**) y **¿Qué es "tablao"?**, que tienen un reparto contextual diferente. La primera se formula cuando el hablante no ha visto nunca lo que, de alguna manera, está señalando. La segunda se formula sobre una palabra que se ha leído y oído pero que se desconoce. No aparece artículo cuando quien pregunta no sabe a qué categoría gramatical pertenece la palabra (sin embargo, un nativo podría decir **¿Qué es un "tablao"?**).

El P puede iniciar, ya aquí, alguna actividad de producción, por ejemplo:

- puede proponer un pequeño juego de adivinanzas. Un A piensa en un objeto y alude a su utilidad: **Es una cosa que sirve para...** Los demás AA deberán adivinar de qué se trata.

- puede organizar un concurso con dos equipos: en una bolsa se introducen tarjetas con nombres o fotos de objetos, ciudades y personajes. Cada equipo tiene que definir o identificar lo que aparece en las fichas que les toquen.

⇨ Cuaderno de Ejercicios: sobre artículos 1-2-6; sobre usos del **ser** 8; **que** y **donde** 10; 3-4-5-7

2 ●●●● Se presentan dos tipos de discurso: un texto informativo, adscrito a un registro culto por lo tanto, y un discurso oral en un registro coloquial, sobre el mismo ámbito temático y funcional, la descripción de Perú. La intención es que el A pueda observar las diferencias formales entre ambos.

El A tendrá que desarrollar estrategias de comprensión lectora (entresacando los aspectos a los que se hace referencia, sin necesidad de entenderlo todo) y de comprensión auditiva (el contenido de los dos discursos es el mismo, pero los aspectos formales de organización difieren del texto informativo al discurso oral de Patricia, la peruana que habla de su país). Se trata de crear hábitos de lectura y desarrollar técnicas que puedan serles útiles en el aprendizaje.

El texto informativo no ofrece grandes complicaciones léxicas (el contexto, la semejanza con otras lenguas, etc. pueden ayudar en la deducción de algunos significados) ni estructurales (son oraciones simples).

El P puede, para estimular la comprensión lectora, empezar pidiendo a los AA que formulen sus hipótesis sobre lo que el texto expone (de qué se suele hablar cuando se describe un país). Durante la lectura los AA pueden elaborar una pequeña ficha con los temas que aborda el texto:

- geografía
- recursos económicos
- capital
- razas/población de Perú
- problemas

También se puede proponer, para guiar la lectura, que anoten las palabras clave o más representativas de cada parte.

Esta primera fase sirve de preparación y presentación de la comprensión auditiva. Los AA se enfrentan a la muestra oral conociendo el tema y gran parte de las formas lingüísticas. Además, tienen el apoyo de las transcripciones de algunos fragmentos que ofrecen los bocadillos. Convendría estimular también el uso de estrategias de comprensión auditiva, tal y como se ha propuesto en el texto anterior. Por ejemplo, se puede preguntar a los AA si comprenden un término como **corromper**, y cómo han hecho para comprenderlo, o pedirles que deduzcan el uso y significado de **a pesar de**.

Hay que llamar la atención sobre los recursos que diferencian ambos registros. En el registro oral se usan conectores o marcadores del discurso como **o sea, ah..., por ejemplo**, etc., hay frases inacabadas, repeticiones y enumeraciones para dar explicaciones, titubeo con preguntas retóricas para ganar tiempo e introducir un tema, correcciones, llamadas de atención al interlocutor (**imagínate**)... En este sentido, puede ser interesante entregar a los AA la transcripción completa (ver el trabajo que se plantea en la actividad 4, pg. 30).

Como trabajo de producción, se podrá pedir a los AA que elaboren un texto sobre su país, estimulando la utilización de los organizadores discursivos marcados en negrita en el texto sobre Perú.

Transcripción:

• Es muy difícil hablar del Perú, hablar de los peruanos.

El Perú es un país muy variado. Es una mezcla de razas, de culturas. Un 40% de los peruanos son indios, un 40% mestizos y el resto son blancos de origen europeo -alemanes, españoles...-, también orientales -chinos y japoneses-, y negros. O sea, que es muy difícil hablar del carácter y de las costumbres de los peruanos.

La naturaleza es muy rica, y muy variada también: tenemos la costa, la sierra y la selva. Pero la mayoría de la gente vive en la costa.

La capital es Lima. Es una ciudad muy, muy grande, enorme. Un 30% de los peruanos viven en Lima: es una ciudad de 7 millones de habitantes, ¡imagínate...!

El Perú es un país muy rico en recursos naturales. Se cultiva el azúcar y el algodón. También la pesca y la minería son muy importantes para la economía peruana. Y, ¡ah, claro!, la artesanía, la artesanía textil, trabajos en plata...

Pero el país tiene bastantes problemas, problemas sociales, políticos, económicos... El analfabetismo: muchos niños no van al colegio y mucha gente no sabe ni leer ni escribir. La desigualdad social: los ricos son muy ricos y los pobres muy, pero muy, muy pobres. La vida no es fácil para muchos peruanos.

Otro problema grave, también, es el terrorismo: Sendero Luminoso, por ejemplo, que es un movimiento maoísta. Y también la corrupción de algunos funcionarios, que tienen sueldos muy bajos y, claro, se dejan corromper.

A ver, ¿qué otras cosas son importantes para los peruanos?

Pues..., por ejemplo, la política, es muy importante. En el Perú se habla mucho de política. Y la comida, la música, bailar, o sea, divertirse, a pesar de los problemas. Es difícil hablar del Perú o hablar de los peruanos.

3 ●●●● Los AA van a practicar los recursos de identificación y definición presentados en la actividad 1. Además, ahora se presenta el uso de los pronombres interrogativos **qué**, **quién**, **quiénes**.

●●●● El alumno puede responder reproduciendo los enunciados de la actividad 1. Se trata, pues, de ir automatizando los recursos presentados con una práctica muy controlada.

Puede resultar útil consultar la pg. 43 como material de apoyo.

⇨ Cuaderno de Ejercicios: 9

4 ●●●● Se propone al A un trabajo de inferencia de reglas a partir de la observación de algunos aspectos lingüísticos (el género y el número de los sustantivos, adjetivos y artículos determinados e indeterminados) y discursivos de los textos de la actividad 2.

Se trata de desarrollar estrategias que confieran autonomía al A en su aprendizaje, y de que pueda ir descubriendo cómo transferir estas técnicas a otras parcelas de su aprendizaje.

●●●● Se puede proponer, primero, un trabajo en parejas contrastando el análisis de cada A. Luego, se puede hacer una puesta en común en la pizarra con todos los elementos que salgan de los trabajos individuales y, de ahí, pasar a comentar las reglas con la ayuda de las páginas de resumen gramatical.

Puede repetirse el mismo trabajo a partir de otro texto, de una unidad anterior, por ejemplo, e invitar a los AA a explicar cómo han determinado el género de las palabras que han elegido.

EJERCITACIÓN

5 ●●●● Ejercitación de los recursos presentados en la actividad 1 para identificar lugares, para la formulación de hipótesis (**yo creo**) y la expresión de desconocimiento (**yo no (lo) sé**).

●●●● La actividad se puede realizar en parejas para luego hacer una puesta en común en la que cada pareja exprese sus conclusiones. Habrá que introducir las formas de plural **nosotros creemos que**... y **no sabemos qué es esto**.

Si hay discrepancias, puede ser interesante impulsar un mínimo trabajo de argumentación, con los recursos de los que dispone el A.

Los AA ya han visto el uso de los pronombres personales, pero no está de más insistir en que su uso es obligatorio en intercambios comunicativos en los que se contrastan opiniones o informaciones.

Las preguntas del tipo **¿Lima?**, repitiendo en forma de pregunta el elemento clave de lo dicho por el interlocutor, representa un recurso muy usual para manifestar duda o incredulidad ante una información. Sería conveniente estimular su uso por parte de los AA.

Si lo cree motivador, puede prolongar la actividad aquí propuesta con otras fotos.

●●●● Las imágenes corresponden a: 1. Barcelona; 2. Lima; 3. Madrid; 4. Sevilla; 5. Tenerife; 6. Benidorm; 7. Mallorca; 8. Buenos Aires; 9. Parador de Chinchón (Madrid); 10. Parador de Vic (Barcelona).

6 ●●●● Se introduce el vocabulario de las relaciones familiares más frecuentes, dentro del ámbito de la identificación de personas.

●●●● Puede, en primer lugar, presentarse el léxico de las relaciones de parentesco a partir del árbol genealógico. Por ejemplo:

• Fernando y Cristina son los padres de María.

Conviene añadir la formación de los plurales:

el padre + la madre = los padres
el hijo + la hija = los hijos, etc.

El ejercicio se puede plantear en una cadena. Un A puede preguntar **¿Quién es...?**, y quien responda hace la siguiente pregunta.

Como actividad complementaria y de fijación, puede pedir a los AA que construyan su propio árbol, que los intercambien con sus compañeros y los comenten.

Si se considera interesante para los AA, se puede dar información sobre la importancia del núcleo familiar en los países hispanohablantes, del que frecuentemente forman parte los hijos hasta que se casan. Los contactos con tíos, primos, abuelos, etc. suelen ser frecuentes, sobre todo en los grandes acontecimientos y festividades (cumpleaños, aniversarios, Navidad, Semana Santa, las fiestas patronales, etc.).

7 ●●●● Se invita al A a descubrir por sí mismo el funcionamiento de los nombres en los países de habla española a partir de la observación de una ficha de datos personales y de una página de un Libro de Familia español.

El texto sobre los apellidos de las mujeres tiene una doble finalidad: dar información sobre el tema y servir como un nuevo ejercicio de lectura.

●●●● El P puede ir guiando la lectura con preguntas, junto a las sugeridas en el *Libro del alumno,* como:

- ¿Cómo se llaman los padres?
- ¿Cuál es el nombre del padre? ¿Y cómo se apellida?

En la actividad 7 de la siguiente unidad se ofrece más información sobre este tema, con una relación de los nombres y apellidos más frecuentes.

Puede aprovechar el segundo texto para plantear el tema de los tratamientos y sus abreviaciones escritas (**Sr., Sra.** y **Srta.**), así como su uso:

- sin artículo en vocativos ——— ¡**Sr.** García!
- con artículo en otros casos ——— Éste es **el Sr.** García.

Puede, si lo considera de interés, comentar también el uso de **Don/Doña**.

⇨ Cuaderno de Ejercicios: 11-12

8 ●●●● Los AA siguen familiarizándose con el mundo de los nombres y apellidos españoles y las formas de tratamiento, y practicando los recursos de identificación de personas. Se presenta la información a partir del organigrama típico de una empresa.

●●●● Es una actividad que se puede realizar colectivamente. Los AA deberán responder a la solicitud de información retomando la estructura *sujeto + verbo + complemento.* Deberán producirse intercambios como:

- ¿Quién es la directora general?
- ○ Es la Sra. Abril. /
  La directora es la señora Rosa Abril. /
  La directora es la señora Rosa Abril Huerta.

o bien,

- ¿Quién es Nicolas Daza?
- ○ Es el Jefe de Personal.

9 ●●●● La vibrante simple y múltiple en español: reparto contextual gráfico y fónico.

●●●● El P puede intentar que sean los propios AA los que descubran, a partir de la audición de las palabras, la distribución de los dos sonidos.

Se puede hacer, también, alguna práctica ortográfica (por ejemplo, que escriban en 3 minutos las palabras que recuerden con **r** y **rr**, o hacer pequeños dictados con palabras que contengan estos sonidos).

10 ●●●● Se presenta a los AA una propuesta lúdica para movilizar los recursos de identificación y definición que han estado trabajando en la unidad.

●●●● Con el conocido juego de las adivinanzas, se pueden movilizar el vocabulario, los recursos y los objetivos de la unidad.

El juego también se puede hacer para practicar el vocabulario que ha ido apareciendo en otras unidades (en una bolsa introducir un papelito con una propuesta de cada A).

Respecto a la comprensión auditiva, hay que insistir a los AA en que no tienen que entenderlo todo, lo interesante es que se fijen en cómo se desarrolla la dinámica del juego.

Transcripción:

1- ● ¿Es una cosa?
○ No.
● ¿Una persona?
○ Sí.
● ¿Una mujer?
▼ ¿Es un hombre?
○ Sí.
● ¿Español?
○ No.
▼ ¿Es inglés?
○ No.
■ ¿Es europeo?
○ No.
▼ De Estados Unidos.
○ Sí.
■ ¿Es cantante?
○ Sí.
▼ ¿Rock?
○ Sí.
■ ¿Es actual?
○ Sí.
■ ¿Canta heavy?
○ No.
● ¿Pop?
○ Sí.
■ ¿Es negro?

○ Sí.
▼ ¿Michael Jackson?
○ Sí.

2- ● Vale.
○ ¿Es una cosa?
● Sí.
▼ ¿Empieza por vocal?
● No.
▼ ¿Tiene cuatro letras?
● No.
○ ¿Tiene siete letras?
● No.
○ ¿Más de siete?
● No.
■ ¿Es para la casa?
● No.
○ ¿Para el colegio?
● No.
■ ¿Es una hoja?
● No.
○ ¿Es una mesa?
● No.
■ ¿Es para el coche?
● No.
○ ¿Un zapato?
● Sí.

OBJETIVOS GENERALES

●●●● Los AA van a trabajar sobre cómo dar y pedir información sobre los datos personales, las profesiones, las aficiones y caracteres de las personas, así como sobre la manera de referirse a las partes de un conjunto.

Respecto al discurso escrito, se trabaja sobre el ordenamiento de un texto.

Se plantea, también, la diferencia de tratamiento entre **tú y usted**.

●●●● Se presentan:
- el uso del artículo con los nombres de profesiones y las formas femeninas de las profesiones,
- el género de los gentilicios,
- los numerales compuestos,
- los verbos y pronombres reflexivos.

●●●● Se da información sobre la forma de ver el mundo de los jóvenes españoles, los tópicos que se tienen de España, y se plantea el tema de la educación sexista. Los AA conocerán los perfiles de algunas personalidades públicas muy representativas de la España actual y su producción cultural.

Se ofrece una pequeña reflexión sobre los nombres y los apellidos en los países de habla española.

¿CÓMO LLEVAR RÁPIDO AL AULA?

MATERIAL Y ACTIVIDADES DE PRESENTACIÓN

1 ●●●● Se presentan al A parte de los objetivos de la unidad por medio de dos tipos de textos: fichas con los datos personales de diferentes personalidades de la vida social, cultural, deportiva, etc. de España, e intercambios comunicativos en los que se articula esa información.

Los AA tendrán que poner en práctica estrategias de comprensión auditiva y lectora, y estrategias de aprendizaje de léxico. El conocimiento extralingüístico del A le permitirá hacer hipótesis sobre el contenido de las fichas, aunque tenga problemas de comprensión del vocabulario nuevo.

●●●● Las fichas sirven para preparar la audición, por lo que sería conveniente que en pequeños grupos se trabajara sobre su contenido. Seguramente los AA, por sus diferentes aficiones y formación cultural, conocerán a alguna de las personalidades que aquí se les presentan, y entre unos y otros podrán deducir el contenido de las fichas.

En una puesta en común se pueden completar los datos que en el trabajo de los pequeños grupos no hayan quedado claros.

Ahora ya estarán los AA preparados para escuchar el contenido de estas fichas
articulado en intercambios comunicativos. Tendrán que atender a los temas que se tratan en los diálogos para reflexionar sobre los objetivos que se plantean en la unidad.

Sería muy interesante que los AA fueran tomando conciencia de los recursos del
lenguaje oral (en la unidad 3, pg. 29, se han presentado algunas características con-
trastándolo con el discurso escrito). Las marcas de interacción son las que hacen progresar el discurso entre los interlocutores, por ejemplo:

- pedir confirmación:
> • Son muy aficionados al deporte, **¿verdad?**
> • Es español, **¿no?**

- manifestar que se ha entendido lo que ha dicho nuestro interlocutor:

> • **Sí, ya...**
> • **Ah, sí, sí, sí, sí.** Es verdad, es él.
> • **Ah, ¿sí?**, qué interesante.

- manifestar que falta información, es decir, la información del interlocutor es correcta, pero incompleta:

> • **Sí, bueno,** es dibujante y diseñador.

Transcripción:

1 ● ¿Quién es Arantxa Sánchez Vicario?
   ○ ¿No la conoces? Es una tenista muy buena.
   ■ No, ¿de dónde es?
   ◆ Es española, de Barcelona. Tiene dos hermanos que también son tenistas.

2 ● Éstos son el Príncipe Felipe y las Infantas Elena y Cristina.
   ○ Sí, ya... Son muy aficionados al deporte, ¿verdad?
   ■ Sí, Felipe y Cristina son muy aficionados a la vela, y su hermana Elena a la hípica.

3 ● Mira, esto es una canción muy bonita de Mecano...
   ○ ¿De quién?
   ■ De Mecano. Son un grupo de rock español. Son dos chicos, dos hermanos, y una chica.
     En España son muy conocidos.
   ◆ ¿Y qué tipo de canciones hacen?
   ▼ Depende. De amor, de la vida cotidiana, sobre temas actuales, participan en campañas
     contra las drogas y también son ecologistas...

4 ● Roberto Domínguez es un torero que escribe poesía.
   ○ Normalmente los toreros no son así, ¿no?
   ■ No, Domínguez es un torero intelectual.
   ◆ ¡Qué curioso...!

5 ● Tenemos con nosotros a una de las abogadas más conocidas del país. Es abogada, extre-
     meña, de Badajoz, feminista y de izquierdas, y ante todo, una mujer con una gran per-
     sonalidad. Tenemos en nuestro estudio a Cristina Almeida.

6 ● Éste es un libro muy bueno, de Manuel Vázquez Montalbán.
○ ¿De quién?
■ De Vázquez Montalbán. Es un escritor español. Escribe novelas policíacas muy interesantes, ensayos, poesía... Y también es periodista. Es un intelectual muy progresista.

7 ● Javier Mariscal es un dibujante, ¿verdad?
○ Sí, bueno, es dibujante y diseñador. Dibuja cómics pero también diseña muebles y objetos, platos, telas, alfombras...
■ Ah, ¿sí?, qué interesante. Es español, ¿no?
◆ Sí, valenciano.
▼ ¿Cómo?
▽ Valenciano, de Valencia.
◻ Ah, ya, ya...

8 ● Mira, mira... ¡Es Pedro Almodóvar!
○ ¿Quién?
■ Sí, hombre, el director de cine, el director de "Mujeres al borde de un ataque de nervios", de "Tacones lejanos"...
◆ Ah, sí, sí, sí, sí. Es verdad, es él.

9 ● ¿Cuántos años tiene Barceló?
○ No sé, pero es joven. Treinta y pico, treinta y siete o treinta y ocho...
■ Sus cuadros son realmente muy interesantes.

⇨ Cuaderno de Ejercicios: 1-2-3-13-14

2 ●●●● Mediante un texto que refleja los resultados de una encuesta del Instituto de la Juventud de 1992, el A:

- obtendrá información sobre la sociedad española, y la forma en que los jóvenes viven y enfocan la realidad,

- recurrirá a las estrategias de aprendizaje de vocabulario (agrupándolo por temas, en pares de antónimos, relacionándolo con otras palabras que ya conozca, etc.). También tendrá que intentar deducir significados por el contexto o por semejanza con otras lenguas que conozca. Esta práctica le irá transmitiendo confianza en sí mismo, permitiéndole enfrentarse a nuevos temas sin el prejuicio de que no va a entender nada si no lo ha trabajado antes.

- tendrá que analizar la lengua para diferenciar sustantivos y adjetivos, y observar la concordancia de género y número,

- se podrá fijar en el ordenamiento de un texto escrito, y la relación entre sus partes.

●●●● Los AA pueden trabajar individualmente sobre el contenido del texto (entender el sentido general y deducir el significado de palabras clave) antes de hacer una puesta en común.

Sería interesante que los AA intentaran analizar y deducir los valores de las palabras y expresiones que aparecen destacadas en negrita:

- en el nivel del discurso:

    - ordenamiento del discurso: **en primer lugar**, **en segundo lugar**, **por otra parte**, **por último**;

    - introducir la referencia a un tema: **en cuanto a**, **respecto a**.

- en el nivel de la oración:

    - valor copulativo: **así como**;

    - valor adversativo: **pero**, **sin embargo**;

    - valor causal: **porque**, **a causa de**.

- en el nivel de la palabra, los indefinidos: **la mayoría**, **algunos**, para referirse a un conjunto o a una parte del conjunto (ver gramática pg. 44).

El tema que se plantea puede originar una charla sobre la situación de los jóvenes en otros países, lo cual permitirá a los AA ejercitar el vocabulario que han trabajado (ver actividad 5, pg. 46). Para estructurar su discurso pueden fijarse en los nuevos recursos, señalados en negrita, y en los presentados en la unidad 3, pg. 29.

⇨ Cuaderno de Ejercicios: 7

EJERCITACIÓN

3 ●●●● Se introduce la práctica de los gentilicios con imágenes y símbolos que identifican a diferentes países.

●●●● En pequeños grupos se puede intentar identificar a qué países pertenecen estas imágenes (una mecánica posible es plantearlo como un pequeño concurso, e incluso el P puede apoyar y enriquecer la identificación dando a los AA otras imágenes de los mismos países que faciliten la labor). En la pg. 43 se presenta la morfología de los gentilicios. Los AA producirán intercambios del tipo:

        ● ¿De dónde crees tú que es la imagen 6?
        ○ Yo creo que es de España.
        ■ Sí, yo también, creo que es un molino español.

Si se cree interesante, se puede enriquecer la actividad pidiendo a los AA que usen los recursos para identificar, definir y clasificar, trabajados en la unidad 3.

●●●● Las imágenes corresponden a: 1. China, 2. Panamá, 3. París, 4. Dinamarca, 5. Perú, 6. España, 7. Cuba

⇨ Cuaderno de Ejercicios: 8-16 (Solución: mexicana, paraguayos, puertorriqueño, nicaragüense, chilena, bolivianas, venezolanas, español)

4 ●●●● Recursos para dar y pedir información personal.

Se practica el vocabulario aparecido en la actividad 1 (profesiones y aficiones), la clasificación de personas por edad y sexo (**un señor mayor**, **una niña**, etc.), los gentilicios y los numerales ordinales.

●●●● La consulta de las pgs. 43 y 44 puede apoyar la interacción de los AA.

Sería conveniente que los AA preparasen en pequeños grupos las preguntas clave para obtener las informaciones presentadas en la unidad antes de comenzar la actividad:

- **¿A qué se dedica?**
- **¿Cuántos años tiene?**

Recuerde o comente a sus AA que **Mafalda** es un personaje muy conocido del dibujante argentino Quino (Joaquín Lavado).

5 ●●●● Práctica de la interacción oral a partir del tema y el vocabulario de la actividad 2. Los AA podrán fijarse en los recursos incluidos en los bocadillos para dar y pedir información, manifestar acuerdo y desacuerdo.

Cuando los pequeños grupos hayan llegado a un acuerdo, se redactarán los resultados, apoyándose en la estructura y organización de los resultados de la encuesta del Instituto de la Juventud.

●●●● Los AA pueden analizar primero los bocadillos. Hay tres grupos, si organizamos las intervenciones según la intención del interlocutor:

- los que introducen una opinión: **Yo creo que...** (ya usado en la actividad 5 de la pg. 35);

- los que expresan opinión contraria a la del interlocutor: **No, yo creo que no**; **No, eso no es verdad**;

- los que apoyan la opinión manifestada por el interlocutor: **Yo estoy de acuerdo con...**; **Exacto**; **Sí, eso es verdad**.

⇨ Cuaderno de Ejercicios: 5

6 ●●●● Práctica de la comprensión lectora e información sobre el funcionamiento de las formas de tratamiento, **tú** y **usted**. Como es obvio, se trata de un tema complejo y que convendrá tratar siempre desde la perpectiva del A (su edad, el tipo de relación que establecerá o tiene ya con hispanohablantes, etc.)

●●●● Después de que los AA hayan leído el texto, se puede hacer una puesta en común sobre el contenido, aclarando las dudas que hayan surgido.

El cuadro se puede rellenar en parejas (esto originará pequeñas discusiones en las que los AA pueden utilizar los recursosde la actividad 5).

⇨ Cuaderno de Ejercicios: 6

7 ●●●● Se trata de que los AA se familiaricen con la onomástica y el funcionamiento de los patronímicos en el mundo hispánico, al mismo tiempo que realizan una práctica de comprensión oral.

Transcripción:

- Bueno, los nombres cambian, ¿no? Ahora hay muchos niños con nombres hebreos: Ruth, Isaac. Otros con nombrs extranjeros: Vanesa, por ejemplo, o Jonathan, Rubén, Óscar, Rebeca... son los nombres de moda ahora, pero los nombres siempre cambian. Lo que pasa es que hay nombres típicamente españoles, que siempre se usan como José, Francisco, Juan, Jorge, Lola, Carmen, Pilar, Ana, María...
- Y Paco, Pepe...
- Bueno, es que, familiarmente, Francisco es Paco y José, Pepe.
- Ah, ¿sí?
- Y luego están los nombres compuestos con José: José María, José Luis, Juan José, María José... Muchas María José se llaman Pepa.
- Y casi todos los apellidos terminan en -ez, ¿no?
- Casi todos, no. Hay muchos Martínez, Gómez, Pérez, Sánchez, Fernández, Hernández, Rodríguez... Muchos, muchísimos. Pero otros son muy frecuentes, también. Por ejemplo... García, Díaz, Martín, Blanco, Iglesias...
- ¿Iglesias? ¿Como Julio Iglesias?
- Sí, sí... Iglesias es un apellido muy normal, muy frecuente. Y también hay apellidos que empiezan con de.
- ¿Con d de "Dinamarca"?
- No, con la preposición de. Por ejemplo: de Pablo, de la Mata, del Olmo, de Miguel... Y además hay otros compuestos.
- ¿Cómo compuestos?
- Pues, por ejemplo, Fernández del Palancar... o García de la Rosa, ¿entiendes? Hay personas que de primer apellido tienen un apellido compuesto: Fernández del Palancar.
- O sea que hay españoles que se pueden llamar José Enrique Fernández del Palancar y García de la Rosa...
- Exacto. No es lo más normal, pero sí.
- ¿Y en Latinoamérica es igual?
- No. Los nombres y los apellidos son diferentes. Hay nombres como Umberto, Darío, Patricia, Lucrecia, Graciela... Además, hay muchos nombres compuestos, más que en España. Y, de los apellidos, pues muchos son de origen español: Hidalgo, García, Vázquez, Vargas, Márquez..., pero otros son de otros países europeos. No sé, italianos, como Benedetti, ingleses como Turner, pero se pronuncia u: Turner, y así...

8 ●●●● Este texto sobre los tópicos que pesan sobre España servirá para que los AA:

- ejerciten las estrategias de comprensión lectora,

- movilicen estrategias de aprendizaje de vocabulario: en este texto aparecen especialmente adjetivos calificativos y adverbios de cantidad (**un poco**, **un poquito**, **bastante**, **demasiado**),

- conozcan los recursos para referirse a un conjunto o a una parte del conjunto,

- se fijen en cómo está organizado el texto para trasladarlo al discurso oral.

●●●● Se invita a los AA a expresar su opinión sobre cómo son los españoles y España. Sobre esta base se debatirán y cuestionarán la veracidad de los tópicos que caracterizan a otros países. En grupos con procedencias culturales variadas, se constatará, además, la arbitrariedad de las imágenes estereotipadas.

Los AA van a necesitar el vocabulario que aquí se presenta para sus producciones. Se puede proponer a los AA que organicen, por ejemplo, los adjetivos por los temas a los que se refieren:

La imagen de un país puede ser:
tópica
real
arcaica

Un país puede ser:
contradictorio
variado
tradicional
moderno
turístico
europeo
industrial
dinámico

Los españoles son:
apasionados
perezosos
desorganizados
simpáticos
amables
habladores

Las cosas que se dicen pueden ser:
verdaderas
exageradas
inexactas
parciales

⇨ Cuaderno de Ejercicios: 4-9-12

9 ●●●● Planteado como un juego con vacío de información, los AA interactuarán usando los recursos para dar y pedir información sobre los datos personales.

⇨ Cuaderno de Ejercicios: 10-11

10 ●●●● Pronunciación del fonema /θ/ en España e Hispanoamérica, y grafías que le corresponden:

- c + e/i
- z + a/o/u

⇨ Cuaderno de Ejercicios: 15 (Solución: 1. Zaragoza, 2. cinco, 3. diccionario, 4. Venezuela, 5. vacaciones, 6. Vázquez, 7. arroz, 8. ciudad, 9. canción, 10. naturaleza, 11. raza.)

11 ●●●● Esta tarea permitirá a los AA reutilizar el vocabulario y la estructura del texto de la actividad 8 con un tema diferente, los tópicos que existen sobre hombres y mujeres en los diferentes países. Será una tarea con práctica de la producción oral y de la producción escrita.

OBJETIVOS GENERALES

●●●● Se presentan los recursos para:
- dar y pedir información sobre la ubicación geográfica, y describir países, ciudades, pueblos...;
- pedir y dar indicaciones para encontrar lugares (un museo, una calle, un banco...), y objetos (dentro de una casa);
- dar y pedir información sobre cantidades.

Para desenvolverse en este ámbito, los AA necesitarán algunas informaciones de índole socio-cultural, como, por ejemplo, conocer qué edificios públicos van a tener como referencia en las poblaciones españolas, los nombres de las tiendas para poder seguir las indicaciones que les den, con qué tratamiento tienen que dirigirse a unas personas u otras, etc.

●●●● Se trabaja sobre:
- las diferencias de uso entre **haber** y **estar**,
- los artículos, adjetivos y pronombres indefinidos,
- los verbos con las preposiciones que indican movimiento y ubicación,
- el Gerundio para dar instrucciones de movimiento e informar de actividades,
- los interrogativos **cuántos/-as**.

●●●● Los AA van a recibir información sobre la ubicación de las comunidades autónomas .de España y sobre la situación geográfica de los países hispanoamericanos

Para ejemplificar la descripción de países y ciudades se han elegido, respectivamente, México y Madrid.

¿CÓMO LLEVAR *RÁPIDO* AL AULA?

MATERIAL Y ACTIVIDADES DE PRESENTACIÓN

1 ●●●● Los AA tendrán que realizar un trabajo de análisis e inferencia de reglas a partir de un texto en el que se da información sobre la división territorial política de España en comunidades autónomas y su situación geográfica.

Los AA necesitarán fijarse en:

- las preposiciones **a**, **en**, **con**, **de**,
- en el uso del verbo **estar**,
- en las expresiones propias para situar un lugar geográficamente e indicar las distancias aproximadas.

● UNIDAD 5 ●●●●●●●●●●●●●●●●●●

●●●● Sería muy interesante y esclarecedor para los AA disponer de un mapa autonómico de España, así podrán, después de haber leído los textos, comprobar que han entendido la información dada.

Según vayan respondiendo a las preguntas que se plantean al pie de página, convendría que fueran confeccionando una especie de agenda (que les ayudará en la unidad, y, además, puede convertirse en su cuaderno de consulta particular) con las expresiones usadas para indicar ubicación. Aquí tenemos:

- **está situado al sur/norte/noroeste/suroeste...**(ver los usos de la preposición **a** en la pg. 55)
- **está entre/enfrente/en el centro de/en el Sur** (ver los usos de la preposición **en** en la pg. 55)
- **limita al norte con**
- **está rodeada de**

- **comprende**
- **consta de**

- **la parte occidental/oriental/septentrional/meridional**

En parejas o pequeños grupos pueden completar la lista y trabajar con los usos de las preposiciones (pg. 55 de la gramática).

Como práctica complementaria, se puede pedir a los AA que sitúen su país y la región en la que viven.

⇨ Cuaderno de Ejercicios: 1-2-3

2 ●●●● El resto de los objetivos de la unidad se presentan lúdicamente en este texto cifrado, que los AA tendrán que recomponer, y en el que se dan indicaciones sobre una ruta,

Se va a trabajar con:

- partículas y expresiones que indican localización y movimiento,
- verbos de movimiento (**cruzar**, **girar**, **ir**, **llegar**, **seguir**, **pasar**),
- la forma impersonal del verbo **haber**,
- **tener que** (para dar instrucciones).

●●●● Como trabajo de preparación de la descodificación del texto, se puede, en primer lugar, presentar el significado de las preposiciones y los adverbios que indican dirección (con la ayuda de las pags. 55 y 56, o haciendo un croquis en la pizarra). Después, el P puede pedir a los AA que describan la imagen, fase que se aprovechará para comentar el vocabulario nuevo. Seguidamente, los AA, en parejas, pueden pasar a la lectura y reconstrucción del texto, para lo que deberán prestar una especial atención a las expresiones de lugar y su significado, deduciéndolas por el contexto.

⇨ Cuaderno de Ejercicios: 4-7

EJERCITACIÓN

3 ●●●● Práctica de la interacción oral para dar y pedir información sobre la ubicación geográfica a partir de un mapa de algunos países hispanoamericanos.

●●●● Como en el mapa sólo figuran las capitales, una primera tarea será recordar o comentar a qué países pertenecen dichas ciudades. Luego, los AA deberán utilizar los recursos y el vocabulario presentados y analizados en los textos de la actividad 1 para situarlos. Si se cree conveniente, antes de un trabajo con toda la clase, los AA pueden preparar el ejercicio discutiendo en parejas los nombres de los países y situándolos en el mapa.

4 ●●●● Práctica de la interacción oral para describir lugares, y presentación del vocabulario de este ámbito.

●●●● Los AA pueden realizar esta actividad en parejas o en grupos, tal y como se indica en el enunciado: un miembro del grupo debe reconstruir la región por medio de las explicaciones de sus compañeros, lo que generará una actividad interactiva muy interesante (con petición de aclaraciones, reformulaciones, correcciones, etc.). El P puede proponer a los AA, además, que elijan un itinerario (como en la actividad 2) para ir a una fiesta de cumpleaños a la que han sido invitados. Habiendo acordado un determinado punto de partida, tienen que explicar el camino a otra pareja. Si se hace esta práctica, sería conveniente revisar las pgs. 54, 55 y 56, donde aparecen sistematizados los recursos necesarios.

5 ●●●● Ejercitándose en la comprensión lectora y la interacción oral, los AA podrán dar y pedir información sobre la ubicación geográfica y la descripción de lugares. Al mismo tiempo se les proporciona información sobre México y su patrimonio, su vegetación, algunos lugares de interés, etc.

●●●● Antes de empezar los intercambios comunicativos, sería conveniente que los AA se familiarizasen con el vocabulario nuevo.

Si los AA muestran interés en este ejercicio, se les puede proponer recoger más información, por ejemplo, pedir en una agencia folletos turísticos de México, un mapa, etc. Cada pareja puede escoger un destino, y preparar un pequeño mural con fotos, la descripción de la ruta y los sitios que han elegido. El resto de los compañeros puede ir haciendo preguntas.

Naturalmente, la misma tarea puede proponerse en relación con otro país hispanohablante, e incluso con la región o país de origen del A. En grupos de procedencias variadas puede resultar muy motivador que cada uno trate de interesar a sus compañeros por su propio país, ofreciéndoles información en forma de ruta turística.

6 ●●●● Actividad de análisis deductivo y de comprensión lectora. Los AA van a acercarse a una realidad sociocultural distinta: los comercios, qué se vende y dónde. Conviene, en este sentido, que los AA tomen conciencia de la falta de correspondecia exacta entre los comercios de un país y otro, y realizar así una trabajo contrastivo indispensable para abordar este ámbito.

Se pide a los AA que infieran la correspondencia entre el léxico aquí presentado. Conviene estimular esta estrategia (deducir el significado de una palabra por su similitud con otra conocida) que, naturalmente, puede ser trasladada a cualquier ámbito. El trabajo de este ámbito les servirá, además, para poder seguir las indicaciones de dirección dentro de las poblaciones, donde muchas veces se usan como referencia los comercios que se encuentran en el trayecto.

●●●● En grupos de procedencias variadas, los AA pueden explicar cómo se organizan los comercios en sus respectivos países.

⇨ Cuaderno de Ejercicios: 8-9

7 ●●●● En esta actividad de carácter cultural se hace referencia a distintos edificios públicos, calles, monumentos, etc. que suelen encontrarse en cualquier ciudad española (en este caso se toma como ejemplo Madrid). Esta información se complementa con un texto sobre cómo se nombran y numeran las calles, y cómo se escriben las señas en un sobre.

Los AA van a contrastar los sitios comunes de las ciudades españolas con los de sus países. Facilitar este acercamiento a "la cultura de a pie" (en la unidad 2 se expuso la concepción de cultura que subyace en *Rápido*) se considera indispensable.

●●●● Si los AA han tenido ocasión de visitar ciudades españolas e hispanoamericanas, se pueden hacer diferentes listas de lo que recuerdan de ellas. Luego se pueden comparar y comprobar lo que, efectivamente, coincide.

⇨ Cuaderno de Ejercicios: 10

8 ●●●● Práctica de la interacción oral para dar y pedir explicaciones sobre la ubicación de lugares. Los AA tendrán que realizar una pequeña simulación para practicar diferentes registros según la identidad del interlocutor y su relación con él.

●●●● Para preparar la actividad, los AA pueden repasar las pgs. 54, 55 y 56. También se pueden ejemplificar algunas descripciones de las que tendrán que producir, por ejemplo:

• ¿El Teatro Cervantes? Sí, mira. Coge primero la siguiente calle a la izquierda. Después cruzas tres calles, y luego sigues a la derecha. Allí pregunta, todo el mundo lo conoce.

⇨ Cuaderno de Ejercicios: 5-6

9 ●●●● Práctica de comprensión oral. Los AA escucharán diferentes formas de describir y ubicar el lugar donde viven.

●●●● Una vez realizada la comprensión auditiva, puede pedirse a los AA que den información de las mismas características sobre su propio domicilio.

🔲 **Transcripción:**

1 • Yo vivo en Madrid, en Mirasierra, cerca del barrio del Pilar.
2 • Yo vivo en La Moraleja, cerca del aeropuerto de Barajas, en el norte de Madrid.
3 • Yo vivo en Somosaguas, en Pozuelo de Alarcón, un pueblo que está cerca de Madrid.
4 • Yo vivo en la Ciudad de México, en la Colonia del Valle, cerca del Hotel de México.
5 • Yo vivo en Santiago de Chile, en Vitacura, un pueblo a los pies de la Cordillera, cerca del río Mapocho.
6 • Yo vivo en Santa Fe de Bogotá, en un barrio al norte de Bogotá.

12 ●●●● Se introduce el vocabulario del mobiliario y las partes de una casa para dar y pedir información sobre la ubicación.

En la actividad 10, el A se encuentra con las partículas que sitúan un objeto respecto a otro: sólo tendrá que interpretarlas para reconocer qué objeto se encuentra en el lugar indicado.

En la actividad 12, tendrá que movilizar los recursos trabajados en la 10 para dar información sobre la ubicación de objetos en una casa.

●●●● Es el momento de que los AA soliciten a su P el vocabulario que necesiten referido a las partes de una casa así como el de los objetos que se esperan encontrar en ellas (*en el salón, en la habitación, en la cocina...*).

⇨ Cuaderno de Ejercicios: 14

11 ●●●● Práctica interactiva para pedir y dar información sobre la cantidad y la ubicación.

Se practican las partículas interrogativas **cuántos/-as** y **dónde**, y se presentan los indefinidos **ninguno/-a**, **otro/-a** (pgs. 55 y 56).

⇨ Cuaderno de Ejercicios: 11-12-13

13 ●●●● Los AA escucharán diálogos en los que se da y se pide información sobre dónde está alguien (uso de la preposición **en**) y qué está haciendo (**estar** + *Gerundio*).

Con las variaciones presentadas, los AA pueden comprobar que el contexto compartido permite que las formulaciones de los hablantes sean aparentemente incompletas (porque se sobreentienden muchos datos por el contexto), pero con sentido completo.

Otro de los objetivos de esta actividad es que los AA tomen conciencia de que los hablantes pueden expresar sus intenciones comunicativas de múltiples maneras, al igual que sucede en sus lenguas maternas.

●●●● La dinámica para esta actividad puede consistir en sucesivas audiciones. La primera audición será la toma de contacto con el contenido. Para la segunda y sucesivas sería conveniente que los AA se prepararan un cuadro en sus cuadernos en el que anoten diferentes datos, por ejemplo, pueden preparar dos columnas de la siguiente forma:

	Preguntas:	Respuestas:
Petra:	¿Qué está haciendo?	- está trabajando
	¿Dónde está?	- en la oficina

Así tendrán la estructura del ejercicio y los verbos que aparecen. Cuando el contenido esté claro, pueden ir fijándose en las diferentes formas de hacer las preguntas. Es decir, como siempre, la estrategia es atender primero al sentido general, después a la forma de transmitir la información.

|OO| Transcripción:

1. ● ¿Dónde está Petra?
   o En la oficina.

   ● ¿Y Petra?
   o Trabajando.

   ● ¿Está Petra?
   o En la oficina, trabajando.

2. ● ¿Y Gabriel? ¿No está?
   o Sí, en el cuarto de baño.

   ● ¿Dónde está Gabriel?
   o Duchándose.

   ● ¿Gabriel está trabajando?
   o No, está duchándose.

3. ● ¿No están Marcos y Cecilia?
   o No, están comprando.

   ● ¿Y Marcos y Cecilia?
   o En el supermercado.

   ● ¿Marcos y Cecilia están por aquí?
   o No, no. Están en el super, comprando.

4. ● ¿Y Alfonso?
   o Llamando por teléfono.

   ● ¿Dónde está Alfonso?
   o Ahí, en esa cabina.

   ● ¿Está Alfonso?
   o No, está telefoneando.

5. ● ¿Y dónde están los niños?
   o En su dormitorio.

   ● ¿Y los niños?
   o Están jugando.

   ● ¿No están los niños en casa?
   o Sí, jugando en su dormitorio.

6. ● ¿Y dónde está Carlos?
   o En la biblioteca.

   ● ¿No está Carlos?
   o No, está estudiando.

   ● ¡Carlos!
   o No está. Está en la biblioteca.

7. ● ¿Bautista está por ahí?
   ○ No, está en el garaje.

● ¿Dónde está Bautista?
○ Lavando el coche.

● ¿Y Bautista?
○ Lavando el coche. En el garaje.

⇨ Cuaderno de Ejercicios: 15

14 ●●●● Variantes de los fonemas /**d**/ y /**g**/ por su posición dentro de la cadena hablada. Grafías y alófonos del fonema /**b**/.

●●●● El P puede proponer a los AA que busquen otras palabras para comprobar y practicar la pronunciación de los diferentes sonidos.

15 ●●●● Con este texto de Isabel Vallina, en el que se ofrece una panorámica del centro de Madrid, se ejemplifican parte de los recursos trabajados en la unidad sobre la situación y descripción de lugares, al mismo tiempo que se proporciona información cultural.

●●●● La comprensión de este texto se facilita con el mapa que hay a pie de página: los AA podrán ir ubicando los diferentes edificios y zonas a las que se alude.

Sería conveniente que los AA se fijasen en cómo se estructura la descripción, e intentasen describir por escrito su ciudad de la misma manera, o una ciudad de España o Hispanoamérica que conozcan o de la que tengan información.

OBJETIVOS GENERALES

●●●● Se practican los recursos para:
- preguntar sobre la preferencia y expresarla,
- dar y pedir información sobre los precios y las cantidades,
- referirse a las características de los objetos,
- contrastar y comparar distintos tipos de información.

●●●● Se presentan:
- los numerales compuestos,
- algunos presentes irregulares: **e-ie**, **o-ue**, **e-i**, **u-ue**,
- las partículas interrogativas **cuál/-es**,
- la comparación,
- **sí**, **también**, **no**, **tampoco**,
- **el otro/la otra/los otros/las otras**,
- algunas diferencias entonativas entre el español peninsular y el español del Perú.

●●●● Se da información sobre las variedades regionales, sociales y estilísticas (diatópicas, diastráticas y diafásicas) del español. Se pretende que el A tome conciencia de que todas las lenguas poseen variedades, lo que no impide la comunicación entre sus hablantes.

Se implica a los AA pidiéndoles que hablen de sus costumbres y las comparen con las de argentinos (texto escrito), mexicanos, chilenos y colombianos (textos orales).

Además, se presentan datos estadísticos y gráficas que los AA tendrán que interpretar, y a partir de los que compararán España con otros países.

¿CÓMO LLEVAR *RÁPIDO* AL AULA?

MATERIAL Y ACTIVIDADES DE PRESENTACIÓN

1 ●●●● A partir de dos textos en forma de anuncios (en clave de humor) y un texto grabado se introducen varios objetivos de la unidad: descripción de objetos, comparación y preferencia, etc.

En los anuncios se especifican diferentes nociones con las que los AA tendrán que familiarizarse (material, peso, precio, procedencia...). Esto les facilitará la comprensión del texto grabado, en el que unos locutores expresan y justifican la preferencia por uno u otro robot.

A los AA también se les pedirá que expresen sus preferencias y las justifiquen: contrastando sus gustos con los de sus compañeros (**también**, **no**, **sí**, **tam-**

poco), comparando los robots y argumentando sus elecciones (con **porque**). La introducción de estos aspectos se propone desde la ejercitación y la producción controlada.

Además, se presentan los numerales compuestos y algunos presentes de Indicativo irregulares que se irán trabajando a partir de la actividad 3 y con el *Cuaderno de ejercicios*.

La primera parte de la comprensión lectora se puede plantear como un trabajo de vocabulario individual. Se puede pedir a los AA que agrupen las nuevas palabras por campos léxicos, por ejemplo:

- Material:	**Es de**	plástico aluminio hierro
- Origen/ Procedencia:	**Es**	japonés alemán
	Está fabricado en	Japón Alemania

Hay que hacer notar a los estudiantes que la mayor parte de las características de los robots son visibles en la imágenes, y que observarlas, en un primer momento, les preparará para la comprensión de los textos.

Respecto a la comprensión auditiva, los AA sólo tienen que atender al sentido general. Es decir, tienen que entender que los nativos cuentan con más recursos para expresar sus gustos de los que ellos, por ahora, pueden manejar. La forma de expresarse de los hablantes no tiene que desmotivar el esfuerzo de los AA por comprender los contenidos clave.

Si se cree conveniente, se puede ampliar la parte de la argumentación pidiendo a los AA que incluyan también verbalizaciones con las comparativas, por ejemplo:

> • Yo prefiero el Robotomic XXY porque es más barato y pesa menos que el Magicamigo 2.

Puede resultar motivador pedir a los AA que "diseñen", en grupos, su robot ideal, aquél que mejor pudiera atender las necesidades y gustos del grupo. Los AA deberán negociar con sus compañeros y elaborar descripciones similares a las del Robotomic y el Magicamigo.

Transcripción:

● Yo prefiero el Robotomic XXY. Juega al tenis. Yo juego al tenis, ¿sabes? Y, además, es un poco más barato.

○ El Magicamigo 2 es mejor. Un amigo mío lo tiene y es... muy bueno. De verdad, muy bueno... Y funciona con energía solar.

■ A mí me gustan mucho los helados y las tartas. O sea, que prefiero el Robotomic.

◆ Pues yo creo que es mejor el Robotomic XXY porque es muy ligero. Pesa sólo 4 kilos y

puedes llevarlo cuando viajas y a la escuela. Y como sabe hacer problemas de química...
Es que yo con la química... Buf...

▼ Fantástico, es fantástico. Sabe hacer ejercicios de español, patatas fritas... Sí, sí, yo prefiero éste, el Magicamigo.

▽ El Magicamigo tiene un programa de videojuegos y juega al ping-pong. Me gusta más.

⇨ Cuaderno de Ejercicios: 1-3-4

2 ●●●● Se presenta a los AA un texto informativo sobre las variantes diatópicas, diastráticas y diafásicas que se encuentran en las lenguas, centrándose en las diferencias que dependen de la región en que se habla el español.

En el texto aparecen toda una serie de recursos y expresiones de gran utilidad en el ámbito de la comparación (**igual/-es, el mismo/la misma/..., las diferencias, ser parecido a, ser distintos, de la misma manera**, etc.) al mismo tiempo que se ofrece un ejemplo de discurso expositivo culto, como el que podemos encontrar en un libro de texto o de divulgación científica.

Es un texto que desmitifica, a los ojos de los estudiantes, la unidad de la lengua en favor de su variedad, y muestra la validez de todas esas variantes que no impiden el intercambio comunicativo entre los hablantes. Se constata esta variedad en una grabación con ejemplos que se piden a un mexicano, a un colombiano y a un chileno.

El A tendrá que hacer un trabajo contrastivo con las variedades de lingüísticas de su país.

●●●● Los AA pueden trabajar el texto de forma individual o en parejas. Sería conveniente que fueran anotando los diferentes temas que se tratan y se fijaran en los recursos que se usan para relacionar las partes del texto.

🔲 Transcripción:

● En España se dice *plátano*, ¿cómo se dice en México?
○ *Plátano*.
● ¿Y en Colombia?
■ *Banano*.
● ¿Y en Chile?
▼ *Plátano* o *banana*.

● En España el plural de *tú* es *vosotros*. ¿Se dice *vosotros* en México?

○ No, se dice *ustedes*.
● ¿Y en Colombia?
■ En Colombia también se dice *ustedes*.
● ¿Y en Chile?
▼ También se dice *ustedes*.

● ¿Cómo pronuncias tú el *gracias*?
○ *Gracias*.
■ *Gracias*.
▼ *Gracias*.

⇨ Cuaderno de Ejercicios: 8

EJERCITACIÓN

3 ●●●● Bajo la forma de un juego de lógica, se presentan a los AA informaciones en las que se muestra, en este caso, cómo referirse a un pueblo de entre un grupo y cómo establecer comparaciones entre los diversos pueblos.

●●●● Los AA pueden resolver el ejercicio-juego de forma individual, y contrastar en grupo los resultados. Sería conveniente que en esta parte se empezaran a propiciar los contextos para comparar; por ejemplo, se les puede pedir que al responder a las preguntas añadan información que se refiera a los tres pueblos:

> • Pastraña tiene tres escuelas, una más que Lugarejo y do
> más que Encinuela. Es el pueblo que tiene más escuelas.

Si es necesario, habrá que sugerirles el tipo de cuadro que deberán dibujar para anotar sus conclusiones:

nombre del pueblo	está en...	habitantes	iglesias	bares	médicos	escuelas

4 ●●●● A partir de la comprensión de un listado de informaciones, los AA tendrán que establecer comparaciones y contrastar datos (**sí**, **también**, **no**, **tampoco**) según la estructura presentada (producciones orales controladas).

●●●● Algún A, o el mismo P, puede ir leyendo en voz alta el texto. Así, los AA, agrupados según su país de origen, pueden ir comparando cada una de las afirmaciones.

Otra mecánica, para estimular el interés de los grupos por la respuesta de los otros, puede consistir en lo siguiente: se crea una tabla, en el eje vertical se sitúan los diferentes temas, y en el horizontal los países con los que se va a comparar Argentina. Los AA tendrán que ir marcando el grado de semejanza y al final de la unidad (cuando hayan practicado todos los recursos que necesitan) podrán redactar un informe:

	Argentina	Italia	Inglaterra	Alemania...
comer carne	**mucha**	...	...	...
medicina pública	**funciona mal**	...	...	...
acostarse	**entre 11 y 12, muy tarde**	...	...	...
desayunar...	...	...	...	...

Si los AA manifiestan un especial interés por alguno o algunos de los países de habla hispana, convendrá realizar una actividad similar con informaciones de tipo sociológico y cultural sobre dicho país.

▷ Cuaderno de Ejercicios: 7

5 ●●●● Se practican los numerales compuestos dando y comparando información sobre los precios aproximados de diferentes artículos en lo países de los AA.

●●●● Se utiliza **O sea que...** para introducir una conclusión. En esta actividad se usará para presentar una comparación tras haber analizado la diferencia de precios:

• O sea que son más caros que en Madrilona.

▷ Cuaderno de Ejercicios: 5-6-9-12

6 ●●●● Preguntar por la preferencia y expresarla. Recursos para identificar un elemento dentro de un conjunto.

●●●● Los AA pueden identificar objetos dentro de un conjunto haciendo referencia a sus características. Sería conveniente intentar facilitarles previamente el vocabulario que puedan necesitar. El P puede preguntarles primero cómo se llaman en español los objetos de la imagen y pedirles que los describan mínimamente.

Cuando referirse a las características de los objetos no sea una dificultad, los AA deberán producir intercambios comunicativos del tipo:

● ¿Cuál prefieres?
○ Yo ésta, la de cuadros.
■ Y tú, ¿cuál prefieres?
◆ Yo esta otra.
▼ ¿Y tú?
▽ Yo también la de cuadros.

▷ Cuaderno de Ejercicios: 2-11

7 ●●●● Los AA conocerán cómo se nombran y formulan las operaciones más comunes con números: **dos más dos son...**, etc.

8 ●●●● Los AA tendrán que extraer de la comprensión auditiva la información que les permita establecer contrastes con las costumbres de los jóvenes en sus países. Es decir, se les piden producciones orales a partir de la interpretación del sentido general de lo que han oído.

●●●● Los AA, agrupados según su país de origen, pueden discutir en grupos las respuestas y, luego, hacer una puesta en común. Esta dinámica tendrían que repetirla después de cada uno de los temas que aparecen (discoteca, vivienda, droga...). Trabajar en grupos disminuirá su tensión ante la comprensión auditiva, ya que lo que no entienda uno lo podrá haber entendido el otro, y así tendrán, además, que negociar.

Para completar esta última actividad, sería interesante que los AA pudieran presentar un breve texto de conclusiones que incluya los recursos que hasta ahora se han practicado en la unidad.

Transcripción:

- Bueno, en Colombia vamos generalmente a discotecas pero también vamos mucho a bares, a pequeños bares.
- En México se va mucho a discotecas y también vamos a videobares.
- En Chile normalmente se hacen fiestas en casa. No se va a la discoteca.
- En Chile la gente va..., empieza a ir a discotecas a partir de los dieciocho años.

- Bueno, en Colombia la mayoría del tiempo los jóvenes viven con sus padres durante la Universidad. Ya luego se independizan.
- En México también la mayoría de los estudiantes y universitarios viven con sus padres.
- En Chile también, la mayoría de la gente, de los jóvenes, viven con sus padres.

- En Colombia son muy pocos los jóvenes que consumen droga.
- En México hay muy, muy pocos que consumen droga pero la mayoría fuman tabaco.
- En Chile la gente pobre consume drogas para paliar el hambre.

- En Colombia no se ven muchos problemas entre padres y jóvenes.
- En México poco a poco se abre la comunicación entre padres e hijos.
- En Chile los jóvenes tienen..., empiezan a tener más comunicación con sus padres.

- En Colombia la mayoría de los jóvenes hacemos deporte. Hay deportes muy diversos. Existe el fútbol, como en todas partes, pero también gusta el tenis, la natación, el patinaje, la equitación, en fin...
- En México las chicas prefieren lo artístico como los aerobics, como el jazz, como el ballet. Los hombres usamos más por el fútbol y, por ejemplo, ahora mucho el fútbol americano.
- En Chile, gracias a que tenemos una gran cordillera al lado, se practica mucho el esquí.

9 En forma de juego para ejercitar la producción oral, se propone a los AA reutilizar el vocabulario presentado ya en la unidad 4 (caracteres, costumbres, aficiones...) y en las actividades 10 y 12 de la unidad 5 (mobiliario y otros objetos) para establecer contrastes (**en cambio**).

Antes de comenzar la actividad conviene repasar el vocabulario que van a necesitar en grupos o entre toda la clase.

Cuaderno de Ejercicios: 10

10 Los AA tendrán que realizar un trabajo de lectura e interpretación para poder responder oralmente a las preguntas propuestas. En dichas respuestas deberán utilizar, de nuevo, los recursos de la comparación.

●●●● Es un buen momento para que los AA puedan referirse a los hábitos de reciclaje en sus respectivos países.

⇨ Cuaderno de Ejercicios: 14

11 ●●●● Los AA expondrán y debatirán sobre sus preferencias y opiniones (**Yo creo que es mejor**...) en el ámbito de la enseñanza/aprendizaje de idiomas, al tener que tomar una decisión sobre las ofertas de diferentes academias de español. Tendrán que comparar precios, duración, objetivos, prestaciones, etc., argumentar sus elecciones y contrastarlas (**también**, **tampoco**, **sí**, **no**).

Además de ejercitarse los AA en el ámbito de la expresión de la comparación y con el debate, esta actividad aportará una interesantísima información al P sobre los presupuestos, expectativas, hábitos y necesidades de sus AA respecto al aprendizaje del español. Esta información puede ser muy útil, en lo sucesivo, a la hora de elegir técnicas y maneras de proceder en el aula para adaptarse así mejor a las características del alumnado.

●●●● La actividad se puede realizar en grupos eligiendo un representante, quien tendrá que exponer al resto de la clase las razones que les han llevado a seleccionar una academia u otra.

12 ●●●● Se trata de sacar conclusiones comparando una serie de datos estadísticos sobre España y Alemania. Los AA trabajarán con los numerales compuestos, y tendrán que familiarizarse con el nuevo vocabulario (ya en el texto informativo sobre Perú, unidad 3, se trataron temas que aquí se retoman).

⇨ Cuaderno de Ejercicios: 13

13 ●●●● Se presentan las diferencias de las curvas entonativas de una oración enunciativa y otra interrogativa en diferentes variedades del español (en el peninsular y en el de Perú).

14 ●●●● De una forma lúdica, con una canción, los AA van a conocer otra forma de describir y comparar dos personas.

Los AA no tienen que aprender todo el vocabulario que aparece. Es una forma de crear un momento de distensión en la clase y trabajar, a la vez, las estrategias de comprensión oral.

●●●● Una forma de explotar la canción puede ser pedir a los AA que retengan algunas de las palabras con las que se identifica el poeta o con las que describe a su amada. Luego, se podrá ver colectivamente con qué cualidades se relacionan las diferentes palabras, por ejemplo:

viento ○ �→ fuerza.... ⟶ una persona fuerte
➝ libertad... ⟶ una persona libre
➝ naturalidad... ⟶ una persona natural

Si el P cree que puede ser motivador, les puede proponer a los AA escribir una nueva canción de amor, según la estructura de la de Pulgarcito, con imágenes con las que ellos (y su pareja/enamorado...) se identifiquen.

Transcripción:

Yo soy el viento
tú eres el sol
yo soy el barco
tú eres el rumbo
yo soy de aire
tú de misterio
yo soy de agua
tú eres de fuego

yo soy tormenta
tú eres el viento
tú eres el puerto
yo soy el tiempo
yo soy de fuego
y tú mi velero
yo soy la brisa
y tú un aleteo

yo tengo alas
tú eres el viento
yo soy la ola
y tú el acero
y tú eres tormenta
y yo soy el viento
tú eres de arena
yo soy el puerto...

⟹ Cuaderno de Ejercicios: 16

15 ●●●● Interpretación de la información de una estadística referida a Europa. Los AA tendrán que poner en práctica los recursos ejercitados a lo largo de la unidad.

●●●● Se puede trabajar en grupo antes de que el P formule las preguntas sobre los resultados del estudio.

⟹ Cuaderno de Ejercicios: 15-17

OBJETIVOS GENERALES

●●●● El A podrá describir personas, referirse a los parecidos que haya entre ellas, e identificarlas en un grupo; también podrá identificar objetos en un conjunto refiriéndose a sus características.

●●●● Se presentan:
- los posesivos y demostrativos,
- el superlativo -**ísimo**,
- usos de **ser** y **estar**,
- las diferencias entre **ser**, **tener**, **llevar** y **estar** para las descripciones,
- la irregularidad del presente -**zc**-,
- las diferentes grafías para el fonema /**k**/.

●●●● El A entrará en contacto con algunas variedades del español de España y América.

¿CÓMO LLEVAR *RÁPIDO* AL AULA?

MATERIAL Y ACTIVIDADES DE PRESENTACIÓN

1 ●●●● Con un texto escrito en primera persona se crea el marco contextual que introduce la descripción de personas y su identificación. Los AA tendrán que realizar una tarea de análisis, buscando en el texto el vocabulario que da información sobre la descripción, así como una tarea de observación e inferencia para descubrir las estructuras que le permitirán identificar a alguien en un conjunto.

Aparecen ya los usos de los verbos **ser**, **tener**, **estar** y **llevar** en la descripción, así como adjetivos y pronombres posesivos, adjetivos y adverbios de cantidad, etc., que son recursos imprescindibles para los objetivos de la unidad.

●●●● Sería conveniente que los AA realizaran una ordenación lo más exhaustiva posible del vocabulario que aparece, pues les facilitará la práctica posterior. Por ejemplo, se puede hacer un cuadro con los datos que se piden de cada personaje:

Nombre	Edad	Trabajo	Aspecto físico	Carácter
Dolores o Lola				
Paco				
Miguel				

Además del vocabulario, sería interesante que realizaran un trabajo analítico sobre el texto (ahora o en cualquier otro momento de la unidad) y que se fijaran en aspectos como:

- Marcadores de frecuencia, para la descripción de hábitos: **siempre**, **casi siempre**, **constantemente**, **a veces**, **muy pocas veces**, **ahora**, **en estos momentos**, **cada semana**, **diez veces al día**...

- Marcadores de intensidad, para matizar cualidades: **bastante**, **muy**, **completamente**, **especialmente**, **-ísimo**, **un poco**.

- Conjunciones adversativas: **pero**, **sin embargo**.

- El uso de la conjunción causal **porque**.

- Conectores discursivos: **en realidad**; **o sea**, **que**; **naturalmente**; **resumiendo**; **la verdad es que**; **además**; **también**...

Sobre las preguntas de identificación que se formulan al A, el P puede guiar, en un primer momento, la actividad introduciendo variantes del tipo:

- ¿Quién es **el del bigote**? / ¿**El que tiene bigote**?
- ¿Quién es **la del teléfono**? / ¿Quién es **la que tiene el teléfono**?

Así se puede comprobar la relación entre estas estructuras. Luego, los AA podrán responder mejor al trabajo de inferencia.

La pg. 81 puede ayudar a los AA a contrastar sus conclusiones.

⇨ Cuaderno de Ejercicios: 1-3-4

2 ●●●● Se presentan, en una muestra oral, los recursos básicos para identificar elementos en un conjunto (usando los demostrativos y los posesivos, y aludiendo a colores, tamaños, materiales...).

La imagen evoca un contexto que da sentido a los intervenciones que oirá el A. Tal como se indica en el enunciado, se aconseja hacer fijar la atención de los estudiantes en el hecho de que, en muchas situaciones de comunicación, como en este caso, el contexto hace que se obvien los sustantivos (**chaquetas** y **abrigos**) y que, además, toda una serie de recursos sintácticos permite a los interlocutores referirse a lo ya compartido. Determinar cuáles son estos mecanismos es, precisamente, el objetivo de la actividad de inferencia que se propone.

●●●● Para reutilizar estos recursos, puede hacerse en la clase un "simulacro de guardarropa". Es decir, los AA pueden mezclar sus abrigos, chaquetas, bufandas, etc. e intentar identificar sus pertenencias para recuperarlas. También puede hacerse con cualquier otro tipo de objetos.

🔲 Transcripción:

- Aquél, aquél, aquél de ahí, el rojo, sí, sí, ése.
- ○ No, no, ése no, el largo, el negro, no, ése no, el que tiene el cuello blanco de piel.
- ■ La chaqueta esa, la azul, la de cuero.
- ◆ No, el mío no es éste, es blanco, de lana y no muy largo.
- ▼ Aquella chaqueta, la de la derecha, la marrón, sí, ésa, la última.
- ▽ No, no, éste no, el mío es gris.
- ❐ Aquella chaqueta de la izquierda, la verde, sí, ésa misma. Vale, gracias.

⇨ Cuaderno de Ejercicios: 2-5-6-9

EJERCITACIÓN

3 ●●●● Los AA tendrán que expresar oralmente su preferencia por un objeto, dentro de un conjunto, identificándolo (tamaño, color, material, forma...).

●●●● El P puede proponer a los AA otras estructuras que ya conocen, para lograr un intercambio comunicativo más dinámico en el que expresen sus gustos generales. Por ejemplo:

- ¿Qué mochila preferís?
- ○ Yo **la grande**, ¿y tú?
- ■ No, yo prefiero **la pequeña**. Me gustan más las cosas pequeñas.
- ◆ Sí, a mí también. Además, yo prefiero **la pequeña** porque me encanta el color amarillo.

Una vez hechas sus elecciones, pueden intentar identificar el mismo objeto por otra característica:

- Yo prefiero **la roja**, **la del centro**.

Se puede hacer en grupos de tres y, luego, un portavoz manifestará a la clase las preferencias de su grupo:

- **Dos de nosotros preferimos.../A dos de nosotros nos gusta más la...**

⇨ Cuaderno de Ejercicios: 7

4 ●●●● Los AA empezarán a practicar oralmente los recursos para referirse al parecido entre las personas (edad, aspecto, rasgos de la cara, forma del pelo...) y para poder compararlas.

Necesitarán usar **parecerse**, diferenciar los usos de los verbos **ser**, **tener**, **llevar** y **estar** en la descripción, e indicar posesión (adjetivos y pronombres posesivos, **de** + *nombre*).

●●●● Puede proponerse un trabajo similar, si el grupo lo desea, con fotos de amigos o familiares de los AA.

⇨ Cuaderno de Ejercicios: 11

5 ●●●● Práctica de la comprensión oral con un texto que trata sobre la descripción de caracteres, aficiones, trabajo, aspecto físico, etc. Los AA ampliarán los recursos (formación de superlativos en -**ísimo**) y el vocabulario que desde el principio de la unidad se les está ofreciendo sobre este ámbito.

●●●● Se puede pedir a los AA que vayan tomando notas de los datos que Félix da de él mismo y de sus dos novias (clasificándolos, como en la actividad 1, para facilitar el trabajo con el vocabulario nuevo). Así, luego podrán exponer sus argumentos a favor de una u otra novia, teniendo en cuenta la personalidad de Félix.

En esta actividad se puede explicar la formación de los superlativos en -**ísimo**, a fin de que los AA lo incluyan, si lo creen conveniente, en las producciones de las actividades siguientes.

Transcripción:

•¿Gustavo?... Gustavo, hola, soy Félix... Bien, bien, bien... Bueno, regular... Sí, no muy bien... Es que tengo un problema... Bueno, mejor te lo cuento todo, venga... ¡Estoy enamorado! Sí, lo que oyes, yo, Félix Vélez, enamorado como un loco... Sí, ya lo sé. Eso no es un problema... Pero es que yo estoy doblemente enamorado, quiero decir dos veces enamorado, o sea... Enamorado de dos chicas... Sí, eso mismo, de dos mujeres... El problema es que las dos son maravillosas...
¿Que cómo son? Pues una de ellas es alta (más alta que yo), morena y muy inteligente... Sí, muy guapa... Un poco seria, quizá, pero yo también soy un poco serio, ya sabes... Vamos a la misma clase. Tiene siempre muy buenas notas, ¿sabes?... Sí, yo también saco buenas notas, sí, sí... La misma edad que yo... ¡Ah!, y toca el violín, como yo... Sí, a veces tocamos juntos, sí, sí, sí, exacto, tenemos muchas cosas en común. Sí, eso es, nos parecemos un poco.
¿La otra? Es todo lo contrario: alegre, simpatiquísima, bajita, rubia... Siempre se ríe y sale todas las noches... Es un poco mayor que yo, bueno, dos años mayor... No, ella no quiere estudiar... Ella quiere viajar, conocer el mundo, vivir, salir, bailar... Sí, es verdad, somos muy diferentes pero con ella... No sé cómo decirte, chico, cuando estoy con ella soy otro... Más alegre, más contento, no sé... Hablamos mucho, nos reímos mucho, hacemos muchas cosas...

⇨ Cuaderno de Ejercicios: 10

6 ●●●● Planteado a modo de juego, se pide a los AA que identifiquen en la imagen a determinadas personas, ofreciéndoles como pistas informaciones sobre su aspecto y refiriéndose al parecido entre ellas. Esta actividad permite repasar las relaciones de parentesco (presentadas en la unidad 3).

⇨ Cuaderno de Ejercicios: 8-12

7 ●●●● En grupos, los AA seleccionarán libremente los recursos y el vocabulario que necesitan para describir a sus compañeros, y negociar qué personas son las más representativas de los humanos. Luego, cada grupo presentará a la clase sus conclusiones razonándolas.

Es una actividad planteada para motivar a los AA, puesto que ellos mismos son los protagonistas, en la que se propone un contexto real de uso de los recursos que nos ocupan.

●●●● Es un buen momento para retomar y ejercitar algunos aspectos presentados en la actividad 1, que no son objetivos directos de la unidad pero que la complementan (marcadores de frecuencia y de cantidad, algunas conjunciones y conectores discursivos).

8 ●●●● En parejas, los AA tendrán que relacionar unos objetos con sus destinatarios, practicando la preposición **para** y la identificación de personas por su profesión.

Los AA deberán ponerse de acuerdo en parejas, lo que generará, dada la ambigüedad de las imágenes, una actividad de especulación y de negociación de los distintos puntos de vista. Es decir, les obligará a formular hipótesis, a argumentar, a contradecir, a concluir, etc.

●●●● Las imágenes corresponden a: jaula y pajarito, jamón, chorizos, carta, cazuela, pecera, enciclopedia, rastrillo, bomba.

9 ●●●● Pronunciación y diferencias ortográficas del fonema /**k**/.

●●●● Los AA ya conocen **c + i, e** (unidad 4). Se les puede proponer un trabajo de dictado de palabras en el que deban discriminar entre las grafías **c, k, qu, z**:

cárcel, cerezo, cocina, laca, azul, química...

10 ●●●● Práctica de comprensión auditiva y de producción oral en la que se aplican los recursos para la descripción de personas al tema "la mujer/el hombre de mis sueños".

●●●● Los AA pueden tomar nota, durante la audición, de cómo introducen los locutores los diferentes aspectos en la descripción de su chico/-a ideal, y luego trabajar con las transcripciones.

🔘🔘 Transcripción:

- ● La chica de mis sueños es rubia y con el pelo muy largo. Tiene los ojos azules y no es muy alta. Es muy inteligente y siempre está alegre.
- ○ Mi chica ideal es sobre todo alegre y tierna. No es muy alta, es de pelo largo, de ojos claros y sobre todo muy simpática.
- ■ De carácter mi hombre ideal es... muy tierno, original... Físicamente es alto, moreno y de ojos oscuros.
- ◆ Mi chica ideal es una chica alta, rubia, simpática y guapa.
- ▼ Mi chico ideal es moreno, simpático y, además, cariñoso.

⇨ Cuaderno de Ejercicios: 13-14

OBJETIVOS GENERALES

●●●● El A podrá hablar de sucesos pasados que le interesan por su relación con el presente, situarlos en el tiempo y hablar de la frecuencia con que han tenido lugar. También podrá referirse a planes y proyectos futuros, ubicándolos en el tiempo.

Asimismo, se reflexionará sobre diferentes recursos lingüísticos para referirse a un objeto ya mencionado y tematizado por los interlocutores.

●●●● Se presentan:
- los pronombres átonos,
- los adverbios **ya** y **todavía no**,
- expresiones para referirse a un momento o periodo pasado o futuro,
- expresiones que informan de la frecuencia,
- la morfología y usos del Pretérito Perfecto,
- las perífrasis **ir a** + *Infinitivo* y **pensar** + *Infinitivo*;
- uso del Presente de Indicativo para hablar de planes o intenciones,
- las diferentes grafías del fonema /**x**/ y su pronunciación.

●●●● Los AA leerán fragmentos de Julio Cortázar y de Gloria Fuertes.

¿CÓMO LLEVAR *RÁPIDO* AL AULA?

MATERIAL Y ACTIVIDADES DE PRESENTACIÓN

1 ●●●● Se plantea un trabajo autónomo de reflexión gramatical e inferencia de reglas de uso a partir de la comprensión de las preguntas sobre temas variados que se formulan en una encuesta.

Se presenta el Pretérito Perfecto para hablar sobre la realización de acciones pasadas que interesan por su relación con el presente, y los marcadores de tiempo y frecuencia con que aparece.

La última parte de la encuesta interpela al A sobre planes y proyectos, por lo cual tendrá que fijarse en las perífrasis **ir a** + *Infinitivo*, **pensar** + *Infinitivo* y **tener ganas de** + *Infinitivo*. En esta parte, el A también deberá prestar atención a los marcadores temporales.

●●●● Una de las mecánicas posibles puede consistir en ir leyendo entre todos las diferentes preguntas del cuestionario, dejando tiempo a los AA para responderlas. Así se puede presentar, de manera entretenida, el vocabulario nuevo, para centrarse posteriormente en la reflexión de los tiempos verbales.

Después se puede presentar la morfología del Pretérito Perfecto y el uso que aquí se trabaja (pgs. 91 y 92).

Para la segunda parte de la actividad 1, pg. 90, se puede seguir la misma dinámica, o semejante, que para la primera parte (es decir, un trabajo individual y, luego, una puesta en común).

⇨ Cuaderno de Ejercicios: 1-2-3

2 ●●●● El objetivo de este texto es que los AA observen cuáles son los recursos lingüísticos para referirse a objetos ya mencionados en el discurso.

Van a trabajar con un diálogo grabado y con su transcripción, para descubrir el funcionamiento de los pronombres átonos de OD (o pronombres en Acusativo) y de OI (o pronombres en Dativo).

●●●● Para explotar la comprensión auditiva, el P puede anunciar a los AA el contenido del diálogo y los objetivos, es decir, les puede decir que Tomás va mencionando las cosas que busca y la madre va reaccionando ante ello. Los AA pueden ir anotando en sucesivas audiciones estos dos aspectos, por ejemplo:

- gafas ——————————— no las ha visto
- cartera ——————————— tampoco la ha visto

Es importante que se vayan fijando en las reacciones de la madre, ya que así practicarán el Pretérito Perfecto y tendrán su primera toma de contacto con los pronombres átonos.

Es recomendable que el P haga tomar conciencia a sus AA de que todas las lenguas disponen de mecanismos especiales para aludir a "lo ya dicho", a "lo ya compartido" con el interlocutor, o a lo que está presente en el contexto, como es el caso de los pronombres átonos de OD y OI.

En una segunda fase, los AA tienen que inferir, con ayuda del texto, las formas y colocación de los pronombres personales átonos de OD y OI. La pg. 94 de gramática puede apoyar su tarea de observación.

Con el fin de practicar lo que han analizado, el P puede proponer breves intercambios comunicativos sobre objetos que pertenezcan a los AA o que estén en el contexto:

● María, ¿dónde está tu chaqueta?
○ La he puesto ahí, en esa silla.

También se puede aprovechar la presencia de los adverbios negativos **no** y **tampoco** para fijarlos.

⇨ Cuaderno de Ejercicios: 14-15

EJERCITACIÓN

3 ●●●● Con esta propuesta lúdica, se pretende que los AA ejerciten el Pretérito Perfecto, que aparece contextualizado en intercambios pregunta-respuesta sobre lo que se ha hecho ese mismo día por la mañana. Para ello, los AA necesitarán también los recursos para referirse a las horas y a las partes del día.

●●●● De forma individual, los AA pueden hacer una agenda y una ficha de cada personaje (relación con el muerto, trabajo, costumbres, intereses...). Así prepararán el interrogatorio, puesto que con la agenda se facilitará la referencia a las horas y, con las fichas, entresacarán el vocabulario básico.

La pg. 93 de gramática puede ayudar a los AA.

⇨ Cuaderno de Ejercicios: 8-9-10

4 ●●●● Con el propósito de practicar el Pretérito Perfecto, los adverbios **ya/ todavía no** y las expresiones que indican tiempo y frecuencia, los AA tendrán que preguntar y responder por actividades que ellos mismos hayan realizado. Con este planteamiento se consigue implicar a los AA haciéndoles referirse a su pasado próximo, función que será de enorme rentabilidad en sus intercambios con hispanohablantes en multitud de situaciones de comunicación (para explicar qué han estado haciendo, referirse a su vida, dar excusas, etc.).

●●●● Los AA, en parejas, pueden preparar la actividad y luego exponer en gran grupo los resultados de sus "encuestas", así practicarán la tercera persona singular del Pretérito Perfecto.

⇨ Cuaderno de Ejercicios: 11-12

5 ●●●● El A trabajará con una comprensión lectora en la que se da información sobre el futuro con la perífrasis **ir a** + *Infinitivo* (que sólo tiene que entender e interpretar). A partir de ella tendrá que informar oralmente sobre el pasado, con el Pretérito Perfecto, utilizando el vocabulario aparecido.

●●●● Sería conveniente que los AA trabajaran previamente con el vocabulario, agrupándolo, como otras veces se ha propuesto, en campos semánticos.

⇨ Cuaderno de Ejercicios: 6 (se pueden ofrecer a los AA diferentes formas de saludar y despedirse por carta dependiendo de los destinatarios) -7

6 ●●●● Los AA trabajarán con una comprensión auditiva (esta vez relacionando la información que aparece transcrita en Infinitivo) en la que los locutores refieren lo que han hecho en un periodo de tiempo cercano a ellos (usando el Pretérito Perfecto de **estar** + *Gerundio*) y lo valoran.

Después, los AA tendrán que usar los mismos recursos para relatar y valorar oralmente lo que han hecho ese fin de semana.

●●●● Lo importante de esta actividad es hacer que los AA puedan relacionar las transcripciones de las que disponen, reproduciendo los tiempos verbales que no aparecen. Esto será una buena práctica que les facilitará la producción oral libre que luego se les pide.

En la pg. 56 se presenta la construcción del Gerundio, por si es necesario volver a repasarla.

Transcripción:

1. ● Este fin de semana ha sido horrible. Ha estado lloviendo todo el tiempo y hemos estado en casa metidos jugando al parchís.
   ○ Este fin de semana ha sido muy divertido. He estado en el cine viendo una película y he estado comiendo en casa de una amiga.
   ■ Este fin de semana ha sido fantástico. He ido con mis amigos Juan y Pedro al Parque de Atracciones y todos los problemas de matemáticas me han salido bien.
   ◆ Este fin de semana ha sido bastante aburrido. Me he quedado en casa estudiando y he visto mucha televisión.

2. ● Esta mañana ha sido horrible. Me he dormido y he llegado tarde a todas partes.
   ○ Esta mañana ha sido un horror. No he podido aguantar y me he quedado dormido en clase de Filosofía.
   ■ Esta mañana ha sido muy aburrida. Hemos tenido dos horas seguidas de clase de inglés y no he entendido nada de Matemáticas.
   ◆ Esta mañana ha sido estupenda. El examen de alemán me ha salido muy bien.
   ▼ Esta mañana me lo he pasado muy bien. Me he encontrado con mi primo Pedro y me he ido con él a comer.

3. ● Uf, el día de hoy va a pasar a la historia. No he podido entregar nada a tiempo.
   ○ Hoy todo ha sido un desastre. He llegado tarde a clase, me han dicho que he suspendido inglés y luego, además, he perdido el autobús.
   ■ Hoy me lo he pasado muy bien. He estado comiendo con una amiga y, por la tarde, he estado viendo la tele.
   ◆ Ha sido horrible. Todo me ha salido mal. Se me ha pinchado la rueda de la moto y, luego, me han puesto un examen de Historia sorpresa.

⇨ Cuaderno de Ejercicios: 5-13

7 ●●●● Una comprensión auditiva, en la que los locutores usan las perífrasis **ir a** + *Infinitivo* y **pensar** + *Infinitivo* para hablar de intenciones y planes futuros, servirá de modelo para las producciones de los AA.

La audición se prepara con un pequeño texto, de tipo periodístico, que contextualiza la situación, y con apuntes sobre las características de los locutores.

●●●● Sería conveniente que los AA pudieran trabajar con las transcripciones para que se percaten de cómo están formuladas las enumeraciones, de cómo unos locutores hablan enumerando lo que van a hacer y otros lo que no van a hacer. También se puede llamar la atención de los AA sobre el uso, ya conocido, del pronombre personal sujeto (unidad 2).

Transcripción:

● Mañana pienso comer veinte kilos de pasteles.

○ Yo, mañana, me voy a quedar todo el día en la cama.

■ Pues mañana yo pienso ir al gimnasio y voy a correr, a nadar, a jugar al tenis, a jugar al fútbol. No pienso salir del gimnasio hasta pasado mañana.

◆ Mañana por la mañana, a la hora de empezar a trabajar, voy a ir a ver a mi jefe y le voy a decir: "¿Qué pasa, tío? Hoy no quiero trabajar, ¿sabes?" y me voy a ir al campo. Todo el día en el campo. ¡Qué maravilla!

▼ Pues yo, por la mañana, no voy a preparar los desayunos, ni voy a hacer las camas, ni voy a limpiar la casa. Al mediodía no voy a hacer la comida ni a fregar los platos y por la noche tampoco voy a hacer la cena. Pienso pasarme el día descansando y vamos a comer y a cenar a un restaurante.

▽ Yo pienso ir a la playa con todos los libros: el de mates, el de química, el de historia... Con todos. Y los voy a tirar al mar. Primero el de mates. ¡Paf!, al agua. Luego el de Química, al agua. Y, así, con todos. Y luego me voy a una discoteca.

⇨ Cuaderno de Ejercicios: 4

8 ●●●● Práctica de la comprensión lectora de un texto del argentino Julio Cortázar (1914-1984). Los AA tendrán que fijarse en los pronombres átonos OD y OI, así como en otros mecanismos que sirven para referirse a algo ya mencionado (**lo**, **el mismo** diario, **el** diario).

●●●● Convendría que los estudiantes se fijaran en la posición de los pronombres. Esto facilitará la práctica que se pide en las siguientes actividades. En la pg. 94 se sistematizan sus formas y usos.

9 ●●●● Los AA practicarán en la interacción oral la morfología y sintaxis de los pronombres átonos en función de OD y OI, repasando y ampliando un vocabulario que ya ha sido presentado.

⇨ Cuaderno de Ejercicios: 17

10 ●●●● Se plantea como objetivo que los AA se percaten de la importancia que tienen los pronombres átonos OD y OI, que reflexionen sobre la necesidad de usarlos, y que practiquen sus formas y usos.

Los AA deberán, pues, observar la inadecuación y falta de cohesión de los textos del robot que ha olvidado el uso de los átonos y corregirlos.

Puede ser éste un buen momento para comparar los sistemas pronominales de la lengua materna de los estudiantes con el del español (género y número, posición respecto al verbo, etc.).

⇨ Cuaderno de Ejercicios: 16

11 ●●●● A partir de una comprensión lectora, los AA tendrán que descubrir los recursos lingüísticos usados en el texto para referirse a elementos citados en el discurso sin repetirlos (**el primero**, **los dos**, **el que**..., **el otro**, **el último**...)

También se propone a los AA que hagan una traducción. Con esta práctica comprobarán que en su lengua también existen recursos paralelos para mencionar un sustantivo sin repetirlo.

●●●● El P puede ofrecer a los AA una pequeña sistematización de los recursos que se presentan:

- **un reloj**...: para presentar los sustantivos de los que se da una primera información.
- **uno que**...: se refiere a un objeto de la misma categoría que ya ha sido mencionado (**un reloj**).
- **el primero/el segundo/el tercero/.../el último**: para referirse a un objeto por el orden en que ha sido introducido en el discurso.
- **el uno... y el otro**...: para diferenciar dos sustantivos en el discurso.
- **el que (retrasa/está parado a las diez y media)**...: para identificar a un sustantivo por sus características.

12 ●●●● Pronunciación y grafías del fonema /x/: **ja**, **je**, **ji**, **jo**, **ju**, **ge**, **gi**.

13 ●●●● Se presentan los días de la semana con un poema de Gloria Fuertes (Madrid, 1918), como modelo para ejercitar su creatividad en español. Los AA tendrán que escribir un poema similar.

●●●● Se puede, en primer lugar, preguntar a los AA qué les sugiere cada día de la semana, con qué lo asocian y pedirles que, con dichas asociaciones, elaboren una pequeña lista de sensaciones, sentimientos, etc.

Esta tarea puede servir de base para la producción del poema. El P deberá pedir a los AA que atiendan a la selección de léxico, dado que van a producir un texto "poético" y, si se considera oportuno, se puede hablar de la rima.

OBJETIVOS GENERALES

●●●● El A podrá:
- hablar de gustos e intereses matizando la opinión,
- resaltar un elemento o un aspecto,
- expresar acuerdo o desacuerdo,
- proponer actividades, aceptarlas y rechazarlas,
- desenvolverse en un restaurante.

●●●● Se presentan:
- los pronombres tónicos,
- adjetivos calificativos y gradativos (**un poco**, **demasiado**, **verdaderamente**...),
- frases exclamativas con **qué**, y la estructura **qué... tan...**,
- usos de **pues**,
- la forma y sintaxis de **gustar**, **encantar** e **interesar**,
- las vocales.

●●●● Los AA conocerán cómo expresar sus gustos sobre diferentes temas, a partir de la interpretación de los datos de dos tablas sobre los hábitos culturales de los españoles, de la lectura de cartas de españoles a revistas buscando gente con similares inquietudes y gustos, de reproducciones de obras de pintores españoles, y de diversas imágenes típicas del mundo hispánico.

Se presenta a los AA, además, información sobre la cocina española.

¿CÓMO LLEVAR *RÁPIDO* AL AULA?

MATERIAL Y ACTIVIDADES DE PRESENTACIÓN

1 ●●●● Se presentan recursos para hablar de gustos/preferencias y resaltar algún aspecto de lo que se está hablando. Los AA tendrán que analizar el funcionamiento de la lengua e inferir reglas morfológicas y sintácticas a partir del material seleccionado en una audición.

●●●● Para preparar la explotación del primer bloque de la actividad, y a modo de "calentamiento", se puede trabajar oralmente a partir de las imágenes: se invitará a los AA a decir cuáles de estos lugares conocen, cómo son o cómo creen que son, si les interesan, etc.

Puede proponerse, seguidamente, un trabajo de comprensión auditiva antes de empezar a analizar la lengua usada. Puede pedirse a los AA que, durante la audición, tomen notas de cuáles son los gustos e intereses de cada personaje según, por ejemplo, el siguiente esquema:

VA A IR A	LE GUSTA / INTERESA	NO LE GUSTA
México	_____	_____
Amazonas	_____	_____
Asturias	_____	_____
Barcelona	_____	_____
Madrid	_____	_____

Las transcripciones pueden ayudar a los AA a sistematizar los recursos utilizados (ejercicio 1 del *Cuaderno de Ejercicios*), con los que se puede preparar un cuadro semejante al que sigue:

LO QUE GUSTA		
- (A mí/nosotros/etc.) me/nos	interesa(n) gusta(n) encanta(n)...	mucho... mucho...
- Prefiero... - Lo que más me gusta...		
LO QUE NO GUSTA		
- No soporto... - Lo odio. - A mí	no me gusta(n) no me interesa(n)	nada... nada...

Las pgs. 104 y 105 pueden completar estas deducciones.

Sería interesante que los AA pudieran disponer de más material gráfico e informativo sobre los países y ciudades que aquí se proponen. Luego, podrían expresar sus preferencias por unos u otros sitios, y así practicar los recursos que acaban de sistematizar.

Más adelante, los AA pueden producir textos, orales o escritos, similares a los de las grabaciones: explicarán cuál es su opción para las próximas vacaciones justificándola en función de sus gustos e intereses, los de su familia, etc.

Transcripción:

● Yo este año me voy a México. Me interesan mucho las culturas antiguas y el arte precolombino, en particular. México D.F., la capital, es una ciudad increíble... A mí me gustan las grandes ciudades. Bueno, y además, voy a ir a descansar a la costa unos días, a Cancún. Me encantan los deportes náuticos.

○ Yo no soporto las grandes ciudades. Lo que más me gusta es pasear por el monte, observar la naturaleza. También me gusta el mar... Claro. Por eso este año me voy a Asturias, en el norte de España. Hay mar y montaña. No hace muy buen tiempo, llueve y tal, pero no me importa. A mí no me gusta nada el calor. Lo odio.

■ A Madrid, sí... Este año, a Madrid. Es una ciudad con mucho ambiente y a mi novia y a mí nos gusta mucho salir de noche, ir por ahí de copas, ir a bailar... También nos interesa la pintura y en Madrid hay museos muy importantes. Además, como no nos gusta nada la playa...

◆ A mí lo que más me gusta es la aventura. Este año nos vamos unos cuantos amigos al Amazonas, a la selva colombiana. Es un viaje un poco peligroso, pero me encanta conocer lugares muy distintos a mi país. No me interesan nada las grandes ciudades ni los sitios turísticos.

▼ Pues yo voy a ir a Barcelona... Me interesa mucho el arte contemporáneo y la arquitectura. Además, la Costa Brava está muy cerca... A mí no me gusta nada ir a la playa pero a mis hijos les gusta mucho el mar. Yo, la verdad, prefiero la montaña.

⇨ Cuaderno de Ejercicios: 1-2

2 ●●●● El A escuchará y leerá fragmentos de conversaciones en las que los interlocutores muestran cómo desenvolverse en un restaurante. Los microdiálogos ejemplifican una serie de usos y ritos conversacionales muy característicos de esta situación: pedir, dar a probar, aceptar y rechazar, recomendar un plato preguntando al interlocutor sus preferencias, expresar sensaciones y gustos, etc.

●●●● Para dirigir la comprensión, se puede pedir a los AA que (tras la lectura, la audición y la observación de la imagen) determinen qué hace cada personaje. Para ello se les puede ofrecer una lista de posibilidades, como por ejemplo:

PIDE ALGO	OFRECE ALGO	LE GUSTA ALGO
NO LE GUSTA ALGO	ESTÁ DECIDIENDO ALGO	RECOMIENDA ALGO

Después de haber trabajado con la comprensión, los AA pueden reflexionar sobre las preguntas de análisis lingüístico en pequeños grupos y, luego, hacer una puesta en común con los resultados.

La gramática de las pgs. 104 a 106 les servirá de ayuda para sistematizar y completar los recursos que hayan analizado.

De los textos, cabe señalar el tratamiento de **usted** entre el camarero y los clientes, así como la existencia de **menús del día**, con dos platos a elegir y postre por un precio módico, frente a la expresión **comer a la carta**. Estos comentarios prepararán las actividades 11 y 12.

Convendría que los AA leyeran en voz alta y dramatizaran los microdiálogos, para familiarizarse con la entonación.

Una vez finalizadas las tareas de comprensión y de observación de recursos, se puede plantear a los AA que ellos mismos protagonicen una simulación en un restaurante, practicando los recursos y el vocabulario presentados. Para ello, el P puede marcar los papeles que deberán desempeñar los AA o dejarles improvisar libremente y decidir qué intenciones comunicativas quieren expresar y qué recursos movilizarán para ello.

Sería interesante, para esta última tarea, disponer, como material complementario, de cartas o menús auténticos, representativos de la cocina española o de diferentes países hispanoamericanos, según sean los intereses y necesidades de los AA.

⇨ Cuaderno de Ejercicios: 3

EJERCITACIÓN

3 ●●●● Práctica de la comprensión lectora e interpretación de datos estadísticos para sacar conclusiones sobre los gustos e intereses de los españoles, y contrastarlos con los del país del A.

●●●● Los AA tendrán que familiarizarse con el léxico que aparece en las tablas para luego poder analizarlas y sacar conclusiones. Sería conveniente que repasaran los recursos presentados en la unidad 6, y así poder comparar y contrastar la información que ofrecen estas encuestas sobre los españoles con las costumbres en sus países de origen.

4 ●●●● Se plantea una pequeña práctica interactiva cuyo objetivo es la fijación de los recursos básicos para preguntar y responder sobre gustos. Hay que observar que los AA, para realizar la tarea, deberán movilizar, además de dichos recursos, el vocabulario sugerido por las imágenes (se podrá hablar, por ejemplo, de **hacer fotos**, o de **la fotografía**, o de **hacer turismo**, etc.).

●●●● Las parejas procederán de modos distintos en la resolución de la tarea y se generarán interacciones diferentes. Por tanto, es recomendable realizar, después del trabajo en parejas, una puesta en común con todo el grupo.

⇨ Cuaderno de Ejercicios: 11

5 ●●●● Los AA van a expresar sus intereses y gustos a la hora de viajar y sus compañeros les irán aconsejando distintos destinos geográficos o actividades en torno a las cuales organizar las vacaciones.

Esta práctica permitirá a los AA conocerse un poco más y reutilizar las informaciones que se han ido proporcionando en el *Libro del Alumno* y en el aula sobre geografía de los diferentes países hispánicos.

●●●● Conviene que, en un primer momento, los AA rellenen individualmente las fichas incluidas en el *Libro del Alumno* para poderlas después intercambiar con otros compañeros.

⇨ Cuaderno de Ejercicios: 9-14

6 ●●●● Siguiendo en el mismo ámbito funcional, hablar de gustos e intereses, los AA practicarán con esta actividad la comprensión lectora y la producción escrita.

●●●● Los AA pueden responder por escrito a la/s persona/s con las que más se identifiquen. Esto será una manera de retomar el discurso escrito de carácter informal.

El P puede orientar a los AA sobre los posibles contenidos de sus cartas. Los AA pueden responder:

- especificando o concretando cómo, cuándo, etc. les gusta practicar una actividad, por ejemplo, respondiendo a Ignacio Toledo: "**A mí también me gustan las excursiones, pero sólo en verano, en invierno los días son muy cortos y...**",

- exponiendo otros intereses que al A le gustaría poder compartir: "**A mí tampoco me gustan las discotecas, pero me gusta mucho tomar un café en un bar y charlar sobre cualquier cosa con los amigos**",

- preguntando al destinatario si él también participa de su interés: "**Y a ti, ¿también te gustan más las excursiones en verano? ¿O te da igual?**", etc.

7 ●●●● Con esta actividad se completa la presentación de la expresión de los gustos. Los AA contrastarán entre sí sus preferencias por diferentes aspectos, reutilizando los recursos presentados en la unidad 6, pg. 69 (**sí, también, no, tampoco**).

⇨ Cuaderno de Ejercicios: 5

8 ●●●● En parejas los AA tendrán que negociar sobre la realización de diferentes actividades según sus gustos, proponiendo la actividad y argumentando su propuesta, reaccionando ante las propuestas de los demás, aceptándolas o rechazándolas, llegando a un acuerdo, etc.

El soporte de la tarea es una serie de anuncios ficticios (pero similares a documentos que podemos encontrar en la prensa, en carteles, en folletos, etc.) con ofertas para ocupar el tiempo libre, entre las que deberán elegir una.

●●●● El P puede presentar la pg. 106 con los recursos que van a tener que practicar en esta actividad.

Convendría advertir a los AA de que en España se tiende a ser especialmente cortés al rechazar una invitación o propuesta, y a justificar ampliamente los motivos por los que se rechaza.

La puesta en común se realiza informando a la totalidad de la clase del resultado de la negociación en parejas.

9 ●●●● Trabajo de comprensión auditiva en el que se persigue que los AA se familiaricen con el vocabulario y las expresiones para hablar de preferencias en el ámbito de los géneros cinematográficos, literarios, musicales, etc.

●●●● Se puede trabajar en parejas para disminuir posibles tensiones sobre la comprensión en la audición, y sacar conclusiones. Convendría hacer listas como la propuesta en el *Libro del Alumno* sobre "novelas y películas" referidas a los demás temas y completarlas en una puesta en común, antes de abordar la segunda parte de la actividad.

Los AA se pueden agrupar por países para responder a la reflexión propuesta en el último apartado (esta práctica activará los recursos repasados en esta unidad para manifestar y contrastar opiniones).

🔘🔘 Transcripción:

● ¿Qué tipo de revistas os gustan?
○ A mí me gustan las de humor, pero especialmente las de ciencias naturales.
■ A mí también me gustan las de ciencias naturales, pero prefiero las de moda.
◆ A mí me gustan las del futuro.

● ¿Y qué tipo de música os gusta?
○ A mí me gusta cualquier tipo de música.
■ A mí me gusta casi todo tipo de música, menos el rap.
◆ A mí también me gusta mucho el pop, tecno y nada el rap.
▼ A mí me gusta el rock y, sobre todo, el reggae.

● De literatura vamos a hablar un poquito... ¿Qué tipo de literatura os gusta?
○ Me encantan las novelas policíacas.
■ A mí me encanta la de suspenso.
◆ A mí me gusta la novela latinoamericana, que se refleja la cultura latinoamericana en sí.
▼ A mí, también. Me encanta la novela latinoamericana y me encanta la literatura del siglo pasado.
▽ A mí me gusta mucho la novela infantil y libros sobre historia.

● ¿Qué tipo de películas os gusta?
○ Me gustan películas de todo tipo, pero preferentemente no muy comerciales.
■ A mí me gustan tanto las películas actuales como las antiguas, las mudas.
◆ A mí me gustan las de acción, las bélicas y, sobre todo, si son extranjeras.
▼ A mí me gustan mucho las de libros también pasados a cine, pero no me gustan las de terror ni de violencia.
▽ Eh... A mí me encantan las cómicas y las románticas.
❑ A mí me gustan las suspenso, las cómicas y los documentales.

⇨ Cuaderno de Ejercicios: 12-13

10 ●●●● Comprensión auditiva para sensibilizar a los AA sobre la importancia de la entonación en el ámbito de la expresión de sensaciones y gustos y, en concreto, en las frases exclamativas de reacción frente a algo.

●●●● Los AA deberán prestar atención a este tema en todos las actividades de la unidad.

⇨ Cuaderno de Ejercicios: 4

11 ●●●● El segundo gran objetivo de la unidad es el acercamiento a la cocina española, sus productos y las hábitos en los restaurantes. En esta actividad se plantea la comprensión de una canción de Los Xey, una agrupación músico-vocal nacida en San Sebastián en 1941. El P deberá advertir a los AA que la canción, así como su interpretación, de marcado tono humorístico, tiene la forma de una conversación entre un cliente y un camarero que recita la carta de un restaurante.

●●●● La letra de la canción contiene mucho vocabulario, probablemente desconocido por los AA. Será bueno advertirles de que esto les sucederá siempre que se enfrenten a una carta en español, dada la inmensa variedad de las diferentes cocinas regionales. Conviene, pues, que sepan movilizar recursos, para preguntar las características de un plato, del tipo:

- **¿Es carne o pescado?**   • **¿Es picante?**   • **¿Tiene mucha grasa?**
- **¿Y esto qué es?**   • **¿Es fuerte?**   • **¿Lleva salsa?**

Así como conocer términos generales que se refieren al tipo de preparación: **a la plancha**, **frito**, **asado**, **con salsa**, **hervido**, etc.

El P puede ir escribiendo en la pizarra los diferentes platos que los AA logren captar en la audición y confeccionar con ellos una especie de menú escrito a partir del que se realizará la actividad propuesta en el Libro (elegir un menú). Dicha lista o la transcripción completa servirá también para estimular la producción de los recursos ya citados.

[○○] **Transcripción:**

¡Camarero!
¡Señor!
¿Qué hay para hoy?
Señor, un buen menú.

Solomillo asado
con patatas fritas
Sesos viejos
Hígados
Liebre `Chateaubriand'

Sopa de albondiguillas
Caldo de tortuga
Sopa húngara
Consomé de almejas
Gran cocido parisién
Huevos al gratén

Pollo asado con ensalada
¡Buen menú, Señor!
Tenemos pollo asado
con ensalada
¡Buen menú, Señor!

Frescos calamares

Sollo
Pescadillas fritas
Salmonetes
Bacalao a la vizcaína
Besugo
Almejas
Truchas
Sábado, langosta a la americana
Y faisán relleno

Pavo asado con ensalada
¡Buen menú, Señor!
Tenemos pavo asado con ensalada,
¡Buen menú, Señor!

Frito de espinacas
Berenjenas fritas
Habichuelas
Fríjoles
Y tortilla al ron

Crema
Tocino de cielo
Mazapán

Natilla
O flan de Franchipán
Flan de avellanas
Frutas
Queso Roquefort

Y también Gruyère

Y después, viene helado
Y café
¡Buen provecho le haga a Vd!

⤷Cuaderno de Ejercicios: 6-7-8-10

12 ●●●● En esta actividad se propone a los AA que negocien oralmente sobre qué alimentos van a tomar, practicando conjuntamente los recursos para hablar de gustos, para ofrecer, aceptar, rechazar y proponer otras opciones, junto con el vocabulario específico de alimentos.

13 ●●●● Los AA tendrán que realizar intercambios comunicativos sobre sus gustos en pintura, practicando los recursos para matizar las opiniones.

●●●● Como otras veces, los AA pueden referirse a otros pintores y cuadros españoles (convendría que pudieran llevar las imágenes a clase). Con estas aportaciones, se enriquecerá la actividad y se incrementará la información sobre uno de los aspectos clave de la producción artística española.

14 ●●●● Explicación de las características fundamentales del sistema vocálico español. Puede ser un buen momento para realizar un pequeño trabajo contrastivo, destinado a la corrección de la pronunciación.

15 ●●●● Como tarea final se propone a los AA que apliquen libremente los recursos que han estado practicando, expresando sus gustos sobre un *collage* con imágenes diversas de diferentes artesanías y culturas hispanoamericanas.

●●●● Si los AA se sienten motivados, pueden elaborar un mural que represente o aluda a todo aquello que más les atrae o interesa de la cultura española. En el proceso de selección de materiales, se producirá un rico intercambio en el ámbito de la expresión de preferencias y la toma de decisiones en grupo.

●●●● Las imágenes corresponden a: vicuñas, raíz de una palmera, trozo de un tapiz argentino, serpiente emplumada (México), ornamentos, pulseras de cuero, parte del recipiente para tomar mate, mercado peruano, dibujo del altiplano peruano, juego de caza, cerámica inca, empanadas, piña, plátanos, máscara carnavalesca (México), tapiz peruano, samponia andina, figuras de barro, bandeja de madera, Machu Picchu (Perú).

OBJETIVOS GENERALES

●●●● El A comprobará las diferencias de registro que existen entre la lengua oral y la escrita, tanto en la selección del vocabulario y las estructuras oracionales como en el rigor que impone la organización de un texto escrito.

En esta unidad, se presenta y practica el ámbito funcional de la expresión de la opinión. Asociadas a esta función se ejercitan la expresión de la causa y el contraste (de situaciones, ideas, informaciones, etc.), la reacción ante informaciones y el intercambio de opiniones.

●●●● Se presentan:
- el Presente de Subjuntivo de los verbos más frecuentes y su uso en oraciones impersonales para reaccionar ante algo,
- **pero/aunque**, y su entonación en las frases dependiendo del elemento que se quiere destacar,
- **mientras que**,
- **como/porque/lo que pasa es que**.

●●●● Se reflexiona sobre algunos temas de gran actualidad, como las diferencias entre el Norte y el Sur, los problemas de desarrollo y demográficos, etc., cuestiones que afectan especialmente a muchos de los países hispanohablantes.

A lo largo de toda la unidad, se invita al A a analizar críticamente, debatir y tomar postura sobre los problemas sociales que más preocupan al mundo contemporáneo: las drogas, el papel de la mujer, la violencia, el poder de los medios de información, el racismo, la justicia, la ecología...

Por otro lado, también se describe la comunidad indígena taquileña del lago Titicaca, en Perú, y se incluye una canción de Joaquín Sabina y Alberto Pérez para cerrar la unidad.

¿CÓMO LLEVAR *RÁPIDO* AL AULA?

MATERIAL Y ACTIVIDADES DE PRESENTACIÓN

1 ●●●● El objetivo del texto es que los AA reflexionen sobre las características de la lengua escrita en general y entren en contacto con la organización de un cierto tipo de texto escrito: un informe crítico que expone un problema, explica sus causas y se pregunta sobre las posibles maneras de afrontarlo (se trata aquí, en concreto, de un informe basado en los elaborados por Naciones Unidos sobre el Desarrollo Humano). Se pretende, pues, que los AA sean conscientes de que el registro escrito exige una organización de características muy específicas.

Los AA tendrán que poner en práctica las estrategias de comprensión lectora y de aprendizaje de vocabulario (entresacando las palabras claves para entender el sentido) que desde el principio de *Rápido* se han propuesto como parte de la formación de la autonomía del aprendiz.

●●●● Primero, sería conveniente proponer un trabajo de familiarización y ordenación del vocabulario esencial del texto. Para ello, los AA pueden agrupar la información más importante, contrastando los términos y expresiones que sirven para describir la situación en unos y otros países (se pueden subrayar los términos claves del texto). Por ejemplo:

Países del hemisferio Norte
- países ricos
- **consumen** mucho más
- **importan** la **materia prima**
- sólo tienen la cuarta parte de la población mundial
- un 37% estudia
- países **industrializados**
- **exportan** al Tercer Mundo

Países del hemisferio Sur
- países pobres/del **Tercer Mundo/subdesarrollados** o **en vías de desarrollo**
- un 8% estudia
- importan los **productos manufacturados**
- producen las materias primas (minerales, algodón...)
- reciben **ayudas insuficientes**
- **emigrantes legales** o **ilegales**, o **refugiados**

Los AA podrán, después, realizar la actividad propuesta en el *Libro del Alumno*: buscar las párrafos que corresponden a las informaciones que se ofrecen y que, estructuradas de modo más sencillo, contienen las ideas claves del texto. Esta será una manera de profundizar en la comprensión del mismo.

Una vez realizadas estas tareas de comprensión, tendrán que analizar los conectores discursivos. Las pgs. 120 y 121 (**pero** y **aunque**; **mientras que**; **porque** y **como**) pueden ayudar a los AA.
- Conclusivos: **por eso, por tanto, por todo ello**
- Organizativos: 1º. **por una parte**
                         2º. **por otra parte**
- Sumativos o que añaden información: **además**
- Introductores de información que hay que destacar: **tener en cuenta**

⇨ Cuaderno de Ejercicios: 1

2 ●●●● Varios son los objetivos de esta actividad. Por una parte, el contraste entre los recursos del lenguaje coloquial y los del escrito, para lo cual se propone una grabación en la que los interlocutores expresan opiniones y manifiestan acuerdo y desacuerdo sobre el tema propuesto en la actividad 1 (así los AA pueden reutilizar el vocabulario y ampliar el mismo campo semántico).

Por otra parte, el A conocerá el Presente de Subjuntivo en las oraciones impersonales, analizando las transcripciones e infiriendo las reglas de su morfología, su sintaxis y su uso.

●●●● El P puede presentar el contexto de los intercambios que van a oír (un debate informal, por lo tanto oral, sobre un tema conocido por los participantes) y pedirles que anoten cómo introducen los subtemas los diferentes interlocutores (**es cierto que**, **lo que pasa es que**...), antes de seguir las pautas que propone la actividad.

La consulta de las pgs.119 a 121 puede apoyar las sistematizaciones.

⇨ Cuaderno de Ejercicios: 2-3

EJERCITACIÓN

3 ●●●● Práctica controlada para la expresión de la opinión introducida con **yo creo que...** y **a mí me parece que...**

Se proporciona a los AA diferentes estructuras (impersonales, **lo mejor es** + *Infinitivo*, comparativas...) que ellos tendrán que articular en la interacción oral, sin introducir apenas cambios.

●●●● Sería interesante llamar la atención del A sobre los diferentes tipos de oraciones que se proponen. También se les puede recordar que para contrastar opiniones ya conocen **sí**, **también**, **no**, **tampoco**.

⇨ Cuaderno de Ejercicios: 4-6

4 ●●●● El A tendrá que articular oralmente una serie de informaciones para usar **y por eso**, **porque** y **como**.

5 ●●●● Una serie de informaciones sobre diferentes temas de actualidad constituyen el punto de partida para que el A exprese lo que él considera las causas de un determinado hecho o situación. En esta práctica libre se integran las prácticas de las actividades 3 y 4.

●●●● Dado que se está pidiendo al A opinión sobre temas complejos (de enunciado, de con-

tenido y de relación causa-efecto), el P puede invitar a los AA a reflexionar individualmente y poner por escrito sus opiniones. Esta táctica les proporcionará el tiempo
necesario para seleccionar el vocabulario que necesitan y estructurar su respuesta
antes de la puesta en común.

Los temas elegidos son suficientemente polémicos para que los AA tiendan a inte-
ractuar de forma espontánea en la puesta en común, con lo que se ejercitarán en el
ámbito del debate.

6 ●●●● Práctica libre de la interacción oral, diseñada para ejercitar los recursos de expresión
de la opinión y justificación de la misma, recursos que hasta ahora se han presentado
y trabajado de una forma más dirigida a lo largo de la unidad.

7 ●●●● Los AA reaccionarán ante una serie de informaciones que escucharán en el casete,
según sus propios sentimientos u opiniones pero con el apoyo de una serie de recursos, algunos de ellos ya conocidos.

⌷⌷ **Transcripción:**

1. Dentro de pocos años España no va a tener suficiente agua.
2. ¿Sabes? He encontrado un trabajo.
3. En África hay varios millones de enfermos de SIDA.
4. En España muchos chicos no quieren hacer el servicio militar.
5. Voy a estar unos meses en México, en la Sierra, con los indígenas.
6. Es horrible que gastemos tanto dinero en armas.
7. El chippewa, idioma de los indios de Minnesota, tiene 6.000 formas verbales.

⇨ Cuaderno de Ejercicios: 10

8 ●●●● Práctica individual del uso de la conjunción **mientras que** en diferentes contextos
(los AA tendrán que interpretar unas ilustraciones) para plantear contrastes.

9 ●●●● Práctica oral interactiva a partir del contenido de un texto que tiene un carácter humorístico y, al mismo tiempo, polémico. Los AA tendrán que manifestar opinión, reaccionar frente a una información (se introduce la ejercitación de las oraciones impersonales con Subjuntivo, que habían sido presentadas en la actividad 2) y establecer
comparaciones y contrastes entre sus países (uso de **mientras que**) y Ñalandia, un
país imaginario cuyas costumbres son tan singulares que, fácilmente, se generará
debate en el aula.

●●●● Los AA necesitarán automatizar tanto el Presente de Subjuntivo como su uso en frases impersonales. El P puede pedir a sus AA que escriban sistemáticamente su reacción a cada uno de los enunciados del texto.

Para comparar los datos de Ñalandia con los del país propio, los AA pueden repasar los recursos presentados en la pg. 69. Si se quiere proponer un repaso más dinámico, P puede hacer preguntas del tipo:

- En Ñalandia casarse con un extranjero es un honor. En vuestro país, ¿es igual?

⇨ Cuaderno de Ejercicios: 8-9

10 ●●●● Los AA tendrán que expresar contraste formando oraciones compuestas con las conjunciones propuestas, **aunque** y **pero**, a partir de la combinación de los elementos de dos oraciones simples.

⇨ Cuaderno de Ejercicios: 5-7

11 ●●●● Comprensión lectora que servirá de soporte para que el A practique libremente la interacción oral, así como los recursos para organizar un texto escrito.

●●●● La actividad 1 puede servir de guía para el desarrollo de la expresión escrita. Es decir, los AA pueden intentar extraer los términos clave para entender el sentido general, parafrasear las ideas más importantes de cada párrafo, y aplicar el análisis de las expresiones en negrita que han servido para organizar el texto.

Con esta mecánica, los AA encontrarán justificada una forma de trabajar con la lengua que resulta rentable y extrapolable a su trabajo diario.

12 ●●●● Práctica fonética sobre la entonación de uno de los tipos de oraciones trabajados en esta unidad, las adversativas con **pero** y **aunque**.

13 ●●●● Se concluye la unidad con esta propuesta lúdica, una canción de Joaquín Sabina y Alberto Pérez, para crear un momento de distensión en la clase.

●●●● En el enunciado de la actividad se propone un esquema sobre el círculo vicioso de la primera estrofa. Tras su lectura, los AA pueden trabajar el resto de la canción del mismo modo.

Esta canción da pie a un diálogo sobre el concepto de "los círculos viciosos". Se puede aludir, por ejemplo, a diferentes refranes y dichos que se refieren a esta idea: **"¿qué fue primero, el huevo o la gallina?"** o **"el pez que se muerde la cola"**.

Como actividad complementaria, puede proponerse a los AA que describan "círculos viciosos" que creen que se producen en la realidad o extraídos de sus propias experiencias.

Quisiera hacer lo de ayer
pero introduciendo un cambio.
No metas cambios Hilario
que anda el jefe por ahí.
¿Por qué está de jefe?
Porque va a caballo.
¿Por qué va a caballo?
Porque no se baja.
¿Por qué no se baja?
Porque vale mucho.
¿Y cómo lo sabes?
Porque está muy claro.
¿Por qué está tan claro?
Porque está de jefe.

Eso mismo fue
lo que yo le pregunté.
¿Por qué está de jefe?

Quiero conocer a aquél.
Hablarle y decirle hola.
¿No le has visto la pistola?
Deja esa vaina, Javier.
¿Para qué la pistola?
Porque tiene miedo.
¿Por qué tiene miedo?
Porque no se fía.
¿Por qué no se fía?
Porque no se entera.
¿Por qué no se entera?
Porque no le hablan.
¿Por qué no le hablan?
Por llevar pistola.

Eso mismo fue
lo que yo le pregunté.
¿Para qué la pistola?

OBJETIVOS GENERALES

●●●● El A va a conocer los recursos para referirse al pasado, para relatar acontecimientos históricos, biografías, sus propias experiencias, etc. y situarlos en el tiempo.

También podrá interpretar textos del registro formal con construcciones pasivas.

Se plantea un trabajo de aprendizaje estratégico explícito: los AA pueden hacer hipótesis sobre los contenidos de los textos, en este caso escritos, a partir del análisis de los mismos tipos de texto en su lengua materna. Luego tienen que verificar las hipótesis con el contenido y la disposición del texto, y extraer conclusiones (actividades 1 y 4, por ejemplo). Ayudar al A a descubrir que puede prever características de los textos, acelerará su aprendizaje.

●●●● Se presentan:
- la morfología y uso del Pretérito Indefinido, y su contraste con el Pretérito Perfecto,
- **estar** + *Gerundio*,
- frases temporales con la conjunción **cuando**,
- diferentes recursos para indicar referencias temporales (**al cabo de**, **después**, **desde**, **desde hace**, **hace**, etc.)
- la voz pasiva en el registro formal, y las oraciones con antipación del Objeto Directo en el registro oral,
- los sonidos consonánticos en posición final.

●●●● El A va a trabajar con diferentes tipos de textos escritos: biografías, *curricula vitae* y artículos informativos periodísticos (titulares y subtitulares). En ellos va a encontrar información sobre Rigoberta Menchú y la vida en Guatemala, algunos de los aspectos geográficos y culturales de Perú, y referencias a varios acontecimientos históricos muy importantes para España.

¿CÓMO LLEVAR *RÁPIDO* AL AULA?

MATERIALES Y ACTIVIDADES DE PRESENTACIÓN

1 ●●●● Se presenta un nuevo modelo de texto literario, el biográfico, ejemplificado con la vida de Rigoberta Menchú.

En un primer acercamiento a este tipo de texto, se guía a los AA en una reflexión *a priori* sobre el contenido: los estudiantes habrán tenido acceso, en su formación académica o como lectores, a este género de textos. Se trata de dotar al A de una herramienta más en el aprendizaje de lenguas extranjeras: su conocimiento del mundo es extrapolable al nuevo idioma; ya conoce muchos aspectos de la comunicación, tendrá que fijarse en las estructuras y recursos que le permitan expresarlos.

●●●● Dado que esta actividad se completa con las actividades 2 y 3, aquí bastaría con una propuesta de explotación del vocabulario y comprensión del texto (siguiendo, por ejemplo, las consignas de la actividad 1 de la unidad 10).

Si los estudiantes disponen de poca información sobre Guatemala, convendría aportar más, tanto sobre geografía como sobre la historia más reciente.

2 ●●●● Actividad para guiar la comprensión lectora del texto de la actividad 1. El A, una vez más, se dará cuenta de que no es un obstáculo desconocer parte de los recursos y el vocabulario de un texto (escrito u oral) para responder a las preguntas que se formulan sobre él.

Las preguntas se estructuran en dos fases. En la primera, se introduce en el enunciado de las preguntas, es decir, pasivamente, el Pretérito Indefinido, pero los AA no tienen por qué tener problemas de comprensión: se está preguntando en pasado. Se pide a los estudiantes que se refieran a informaciones sobre el pasado, determinando periodos de tiempo (bien haciendo alusión a fechas concretas, o refiriéndose al inicio de alguna actividad, etc.), y usando la conjunción temporal **cuando**.

En la segunda fase, los AA tendrán que sacar conclusiones sobre el contexto histórico-social que enmarca la biografía de Rigoberta Menchú. Estas preguntas se formulan para facilitar a los AA la respuesta de las dos últimas anteriores ("¿Cómo ha sido su vida?" y "¿Qué puedes deducir de la situación política y económica de Guatemala?").

●●●● Éste no es el momento de que los AA sistematicen los recursos que se presentan y van a ser utilizados (se hará en la siguiente actividad).

Lo que sí conviene es que los AA se percaten de que la interpretación de los datos biográficos de una persona parte de la interpretación de los datos históricos que los contextualizan. En este sentido, el A tendrá que *leer entre líneas*, es decir, relacionar unos y otros en el caso concreto de Rigoberta Menchú.

3 ●●●● Los AA tendrán que analizar y deducir la morfología y sintaxis del Pretérito Indefinido.

También se propone un análisis del uso y significado de las expresiones temporales del texto.

●●●● Primero, los estudiantes analizarán la morfología del Pretérito Indefinido, que convendrá contrastar con la pg. 133.

Al localizar las expresiones temporales en el texto conviene ser exhaustivo, ya que alguna de ellas no se sistematizará en las páginas gramaticales. A este respecto, hay que insistir en que los AA traten de inferir los usos a partir del contexto en el que aparecen los fenómenos que se trabajan:

- **el 9 de enero de 1959**: marca un punto determinado en el tiempo;

- **en octubre de 1992**, **en los años 70 y 80**: marca un periodo de tiempo concreto; con los meses y años se usa la preposición **en**;

- **desde su infancia**, **desde 1981**, **desde ese momento**: a partir de..., se refiere al inicio de algo con repercusiones en el futuro (si se quiere acotar el periodo se usa **hasta: desde... hasta...**)

- **a los cinco años**: cuando tenía esa edad. Hay que destacar **a sus veinte años** como expresión enfática laudatoria, expresa la edad tan temprana a la que se alcanza algo elogiable, un éxito;

- **a lo largo de su vida**: expresión para referirse al transcurso de la vida.

Las pgs. 134 y 135 apoyarán esta sistematización.

Al final se relacionan estas expresiones temporales con el uso del Pretérito Indefinido.

⇨ Cuaderno de Ejercicios: 1-2-3-4

4 ●●●● Práctica de la comprensión lectora a partir de un texto presentado como noticia periodística. Los AA comprobarán que pueden hacer hipótesis, que luego verificarán, sobre el sentido general del texto a partir del título y el subtítulo.

5 ●●●● Preguntas para guiar la comprensión lectora de la actividad 4 y el análisis de los recursos lingüísticos empleados para hablar del pasado (el contraste Indefinido/Pretérito Perfecto y las expresiones temporales que contextualizan el relato).

EJERCITACIÓN

6 ●●●● Los AA practicarán el Pretérito Indefinido y **estuve** + *Gerundio* en la interacción oral. La dinámica generará preguntas y respuestas sobre lo que han hecho en determinadas fechas (que se ofrecen en la consigna del enunciado).

●●●● En la unidad 5, pg. 56, se ha trabajado la perífrasis **estar** + *Gerundio*. Para repasarla se puede preparar un pequeño juego: los AA pueden representar con mímica acciones diferentes que realizaron el día anterior, y los demás tendrán que irlas adivinando:

- ¿Qué estuvo haciendo Ivor?
- ○ Estuvo escribiendo una carta a su novia.
- ■ No, no, estuvo dibujando.
- ◆ Yo creo que estuvo sumando los gastos de su curso de español.

Los AA tienen que poner toda su atención en la morfología del Indefinido, por eso se les facilitan las expresiones temporales, necesarias para contextualizar el intercambio comunicativo.

⇨ Cuaderno de Ejercicios: 5 (**estar** + *Gerundio*)

7 ●●●● Dos locutores servirán de modelo a los AA en las producciones que se les pide: relatar lo que han hecho en verano.

Para trabajar la comprensión auditiva se ofrecen transcritos varios fragmentos con las informaciones de las actividades que los locutores realizarán en el verano de ese año, del 92.

●●●● Los AA tendrán que incluir en sus relatos las expresiones propuestas, por lo que convendría que se prepararan un esquema antes de la puesta en común.

|OO| **Transcripción:**

- Yo, nada más terminar las clases, empecé a trabajar, a mediados de julio, en una agencia de publicidad. Luego, a principios de agosto, me fui a las Olimpíadas en Barcelona y, a la vuelta, me fui directamente a Galicia, al norte de España. Al terminar el mes de agosto me fui a la Expo con unos amigos, y luego, antes de empezar las clases, fui a una casa que tengo en la Sierra, a las afueras de Madrid.

- Yo, al empezar el verano, me puse a trabajar como mensajero. Después pasé un mes en Westport, en el estado de Connecticut, en Estados Unidos. Al volver estuve quince días cazando y visitando a mis primos, en Ciudad Real, y después me vine a Madrid y ya me quedé aquí hasta que comenzó el curso.

⇨ Cuaderno de Ejercicios: 6-7-8

8 ●●●● Siguiendo con los mismos objetivos, usar el Pretérito Indefinido y contextualizarlo con la referencia a las fechas correspondientes, se escoge ahora otro ámbito temático: las fechas históricas más conocidas en España. Con este ejemplo el A tendrá un modelo para referir los acontecimientos más importantes de su país.

9 ●●●● Práctica libre de los recursos ejercitados para hablar del pasado: los AA interpretarán unas imágenes y establecerán unas coordenadas temporales para las viñetas, delimitando así la acción. Con todo ello imaginarán una historia.

●●●● Hay que observar que las imágenes están desordenadas y que su secuenciación es intencionadamente ambigua, con lo que las historias inventadas por los diferentes grupos pueden ser muy distintas.

La actividad se puede enriquecer pidiendo a los AA que describan las viñetas para justificar el orden que escogen. Así reutilizarán recursos ya conocidos para hablar del estado de ánimo, carácter y físico de las personas; y todo lo que ya conocen para debatir opiniones. Plantear así la actividad enriquecerá la interacción oral, ya que se producirán intervenciones en las que tendrán que pedir la palabra, interrumpirse, mostrarse de acuerdo y en desacuerdo, etc.

10 ●●●● El objetivo es hablar de si se ha realizado alguna actividad y cuándo se ha hecho por última vez. Se trata de contrastar Indefinido/Pretérito Perfecto y de usar los recursos para indicar periodos de tiempo y frecuencia.

En esta actividad los estudiantes practicarán:

> - *Indefinido* + **por última vez**: no tiene relación con el presente del hablante, es un hecho ya concluido. Pero si sabemos que hasta hace poco se ha podido, por ejemplo, esquiar, entonces también se puede decir: **¿La última vez que has esquiado? / ¿Cuándo has ido a esquiar por última vez?**

> - *Perfecto* + **alguna vez**: sin referencia a cuándo se ha realizado algo.

●●●● Es importante que se fijen en la relación que para el hablante existe entre el tiempo cronológico al que se hace referencia, y el uso de un tiempo verbal u otro. Se puede recurrir a las pgs. 91 y 92, donde se explica el uso del Pretérito Perfecto.

Los marcadores de frecuencia se vieron en la unidad 8, por lo que tal vez sería conveniente proponer una puesta en común de lo que recuerden los AA, escribiéndolos en la pizarra de forma jerárquica, es decir, de **nunca** a **muchas veces**, por ejemplo. Esto les hará sentirse más seguros a la hora de realizar la actividad.

⇨ Cuaderno de Ejercicios: 9-10-11-13

11 ●●●● Se ofrece a los AA dos modelos para organizar las referencias a la biografía de uno mismo. Tendrán que hacer una tarea de comprensión oral, para luego pensar y exponer su propia biografía.

Para que el A no se bloquee, a la hora de seleccionar los momentos de su vida a los que hará referencia, se le ofrecen una serie de temas con los verbos con los que habitualmente se usan (**ganar un premio**, por ejemplo).

●●●● Los AA ya han trabajado con la biografía de Rigoberta Menchú para fijarse en los recursos que relacionan momentos del pasado, en los que se señalan el inicio de un periodo o deuna fecha, el uso de **cuando**, etc.

El P puede facilitar las expresiones que le sean solicitadas (para esto los AA pueden hacer primero un pequeño esquema con los hechos que van a relatar, luego el P les ayudará en sus lagunas léxicas). Así podrán concentrarse en la organización de su relato.

◻◻ **Transcripción:**

● Bueno, yo nací en Bogotá. Cuando tenía dos años viajé a Ecuador donde estuvimos cuatro años. De ahí volví a Bogotá otros cuatro años. Viajé a Bucarest, en Rumanía, donde estuve otros cuatro años y ahí conocí toda Europa, pues más o menos toda Europa, luego volví otra vez cuatro años a Bogotá y ahora llevo un año aquí, en Madrid.

● Yo nací aquí en Madrid y no me he movido de la ciudad, aunque he viajado para ver a mi familia, que no es de aquí, y he conocido parte de Europa y algunos países del otro lado del Atlántico.

⇨ Cuaderno de Ejercicios: 12

12 ●●●● Como parte de la función que se trata en esta unidad, referirse a la vida de las personas, se presenta ahora el *curriculum vitae*, que puede interesar a los AA, especialmente si estudian el español por motivos profesionales o académicos.

●●●● Si cree que puede ser motivador, los propios AA elaborarán sus *curricula* en español.

⇨ Cuaderno de ejercicios: 15

13 ●●●● Simulación en la que se pone en práctica, con la dinámica pregunta-respuesta, la interacción oral para hablar sobre datos personales del pasado.

Un A tendrá que elaborar las preguntas, y el otro, que habrá adoptado una de las dos personalidades -Señorona o Miguelón Rivers-, reelaborar los datos de la entrevista completa. Se propone una ejercitación de los recursos para hablar del pasado y formular preguntas (reutilización de las partículas interrogativas y el orden de tales oraciones), a partir de los datos que se facilitan (los estudiantes sólo tendrán que dar forma al contenido).

●●●● **Entrevistas completas:**

"Señorona"

Nombre real:	Paca Montilla Román.
	Nace en 1960.
1966-76:	estudia en el colegio de monjas de la Divina Pastora de Alcorcón (Madrid).
Junio 76:	expulsión del colegio.
76-77:	estudia informática en la Academia Martínez de Alcorcón (Madrid).
Noviembre 77:	deja los estudios y entra a trabajar como mensajera en la casa de discos ELEPE. Conoce al famoso productor Cecilio Cebollo Huertas, de 72 años.
Enero 78:	se casan en Gibraltar.
Octubre 78:	tiene cuatrillizos que se llaman John, Pol, Ringo y Luis José.
Navidad 82:	le toca la Lotería (el gordo de Navidad).
Primavera 83:	se divorcia del productor y monta un estudio de grabación asociada con Montserrat Caballé.
Junio 83:	graba su primer *single*, "Buscando a mi primo segundo desesperadamente". No tiene éxito y su primo, Director del Banco de

España, pone, en otoño, una denuncia contra ella. El caso sale en la prensa y ocupa las portadas de periódicos y revistas. Empieza a ser famosa.

Junio 84: primera actuación en público, en la Plaza de Toros de las Ventas (Madrid), con su disco "Jamón, jamón". Triunfo total.

Enero 85: graba en EEUU la versión inglesa de su disco *"Ham, ham"*, y rueda su primera película "Señorona rumbo a Río".

86: Óscar a la mejor actriz.

Desde entonces: escándalos varios. Romances con Plácido Carreras, Harrison Cruise, Diego Armando Beckenbauer y con Emilio Sánchez Becker.

"Miguelón Rivers"

Nombre real: Michael Ríos.

Nace en Montilla del Palancar en 1942.

Empieza a cantar rock a los dieciséis años. Es el primer rockero español.

1959: graba su primer disco (letra y música) "Solo con mi moto en el camino".

1965-1969: vive en París y participa en el movimiento estudiantil en mayo de 1968.

1970: forma el grupo "Los chicos de la playa".

1972: ganan el Festival de Mundovisión con la canción "Cola, aspirinas y rock&roll".

1978: se va a California.

1980: se casa con la modelo de color Masoka.

1981: se separa y vuelve a España.

1982: descubre que lo que más le gusta es la ópera wagneriana.

1983-85: estudiante de canto en Viena con el profesor Sigfrido von Strauss.

Verano de 1993: tiene un gran éxito como Parsifal en la Ópera de Bayreuth.

Navidad de 1993: conoce al gurú Kin Fastic y se va a vivir al Tibet. Ahora vuelve a Europa para crear la Fundación Humanitaria Miguelón Rivers.

➪ Cuaderno de Ejercicios: 14

14 ●●●● Las consonantes finales de palabra, distribución y características de su pronunciación.

●●●● El P puede ofrecer una lista de palabras que terminen en consonante para que los AA se entrenen en su pronunciación.

15 ●●●● El objetivo de esta actividad consiste en referir noticias periodísticas, transformando la voz pasiva (frecuente en un registro formal) en oraciones enunciativas en las que se anticipa el Objeto Directo o Acusativo, practicando, además, la morfología del Indefinido.

Los AA no van a tener que producir, de momento, construcciones usando la voz pasiva , pero sí estará dentro de su competencia el comprenderlas y saber transmitir su contenido.

⇨ Cuaderno de Ejercicios: 16-17

16 ●●●● A modo de tarea final, los AA tendrán que preparar un viaje, para luego relatar en pasado los detalles de su organización y los resultados.

En *Rápido* ya han sido varias las actividades que se han realizado recorriendo la geografía y cultura de diferentes ciudades y países hispanos. En este caso se ha elegido Perú.

Se plantean dos tareas que se complementan. Por un lado, los AA tienen que organizar y discutir cuál sería su viaje ideal a partir de la información que se les proporciona; por otro, valorar cómo se lo pasaron y qué les parecieron los sitios que visitaron.

●●●● Los AA pueden trabajar en pequeños grupos para preparar su viaje por Perú. Primero pueden simular que van a realizarlo. Es decir, sus enunciados serán del tipo:

● Lo que podemos hacer es pasar dos días en X y luego ir
en autobús hasta Y.
○ No, no. Es mejor estar allí menos tiempo y estar más días
visitando Y.

Después, lo presentarán a la clase como algo realizado, usando el Indefinido, marcadores temporales, frases exclamativas que ya conocen para calificar cómo fue (**¡Y qué maravilla! ¡Fue super emocionante!**), etc.

Sería muy interesante que los AA pudieran disponer de un mapa y diferentes fotos de las regiones de Perú.

Se puede ampliar la tarea pidiéndoles que escriban una postal a un amigo español desde Perú. El objetivo sería que practicasen el Pretérito Perfecto situando la acción cercana al presente que viven:

"Estos últimos días hemos estado escalando ... y hemos
conocido a muchísima gente encantadora." (Estos últimos
días/Esta semana/Hoy/Algunos días, etc.).

OBJETIVOS GENERALES

●●●● Los AA van a trabajar con diferentes funciones y contextos en los que se puede usar el Imperativo, tanto en el registro oral como en el escrito, y van a practicarlo con los recursos lingüísticos y pragmáticos adecuados a los intercambios comunicativos. También se presentan otras alternativas al uso del Imperativo en los mismos contextos (algunas perífrasis).

El A podrá:
- dar instrucciones,
- dar consejos y recomendaciones,
- pedir permiso y favores, y reaccionar ante las peticiones,
- pedir una acción a otros y reaccionar,
- expresar justificación,
- ofrecer ayuda y reaccionar ante la oferta de ayuda,
- dar órdenes.

Se ofrece un trabajo básicamente interactivo, dada la naturaleza de las funciones que aquí se plantean, que pone en funcionamiento un mecanismo complejo de implicaciones pragmáticas (los convencionalismos socio-lingüísticos ante la petición de permiso, ritos conversacionales para pedir un favor, etc.).

●●●● Se presentan:
- la morfología y sintaxis del Imperativo,
- las perífrasis **tener que** + *Infinitivo* y **hay que** + *Infinitivo*,
- la preposición **hasta** y la conjunción **hasta que**,
- las justificaciones con **es que**,
- la entonación de diferentes enunciados.

●●●● Los alumnos se familiarizarán con dos grandes ámbitos temáticos en la unidad: el de las recetas de cocina (ingredientes y acciones) y el de la salud (dolores y síntomas de las enfermedades más comunes).

El A va a acercarse al mundo de las instrucciones de manejo de diferentes máquinas; trabajará con textos publicitarios sobre la ecología y la buena conducción; conocerá una receta chilena y cómo festejan los españoles la Nochevieja.

¿CÓMO LLEVAR *RÁPIDO* AL AULA?

MATERIALES Y ACTIVIDADES DE PRESENTACIÓN

1 ●●●● Se presenta uno de los objetivos de la unidad, cómo dar instrucciones por medio de las formas del Imperativo de la segunda persona singular, y la perífrasis **tener que** + *Infinitivo*.

Para conseguir este objetivo, se plantea una actividad en la que se integran varias destrezas. El A tiene que observar y analizar la lengua oral, y para ello cuenta con la información contextual que aporta la imagen y un texto escrito, cuya redundancia facilita la tarea cognitiva (las instrucciones para manejar la máquina están formuladas en Infinitivo).

●●●● El enunciado completo de la actividad, así como las ilustraciones, pueden servir de introducción para la audición. Tal y como se indica en la consigna, se puede proponer un trabajo en parejas para conseguir anotar todas las formas verbales que aparecen.

El P puede referirse a la morfología del Imperativo, descrita en la pg. 146 (únicamente las formas del Imperativo afirmativo, el primer apartado).

Con el fin de motivar el trabajo de la unidad, se puede pedir a los AA que expliquen el funcionamiento de algún aparato que tengan en clase; o que imaginen que alguien está en su casa y le dan instrucciones para poner en marcha la televisión, el lavavajillas, etc.

◻◻ Transcripción:

- ● ¿Qué es esto?
- ○ Es una máquina para resolver ejercicios de español.
- ● ¿En serio?
- ○ Sí, sí. Es una maravilla.
- ● ¿Y cómo funciona?
- ○ Pues mira, tienes que meter veinticinco pesetas aquí...
- ● ¡Ah...! ¿Pero tienes que pagar?
- ○ Sí, pero es muy barato... ¿Tienes suelto?
- ● Sí, toma.
- ○ Pues vamos a ver... Mete las monedas aquí... Muy bien. ¿Ves que ahora se encienden unas luces? Bueno, pues ahora aquí en la pantalla van a salir unas preguntas. ¿Ves?
- ● ¡Ah!, sí, sí.
- ○ Aprieta el botón de lo que quieres.
- ● Pues, por ejemplo... "Ejercicios de Imperativo de la Unidad 12".
- ○ Vale. Aprieta el botón que está al lado... Ahora tenemos que esperar un poco.
- ● ¿Y por dónde salen los ejercicios?
- ○ Por ahí arriba. ¿Lo ves?
- ● ¡Ah!, sí. Aquí pone "Salida de ejercicios ".
- ○ Mira, mira, ya salen.
- ● Es fantástico.
- ○ Sí, y, además, las respuestas siempre están bien.
- ● ¡Qué maravilla! A ver si me acuerdo de todo para otro día... Tengo que meter las monedas, marcar mi número secreto, apretar el botón del ejercicio que quiero y ya está.
- ○ Exacto.

2 ●●●● Después de familiarizarse con los ingredientes y los verbos necesarios (o sea, el vocabulario) para comprender una receta de la cocina chilena, los AA trabajarán en una comprensión auditiva con las instrucciones de preparación de la empanada (uso del **Imperativo**, **hasta** y **hasta que**).

En el diálogo entre los dos interlocutores se ejemplifican varias intenciones comunicativas: ofrecerse para hacer algo y reaccionar, pedir que otros hagan algo y pedir permiso.

●●●● A partir de las preguntas del P sobre el diálogo, los AA deben reconocer lo que sucede y las diferentes intenciones de habla que tienen los participantes. Para guiar la comprensión se les puede pedir, por ejemplo, que tomen nota durante la audición de cómo preparan la empanada.

Al final, también se les puede dar la transcripción y hacer en clase una pequeña simulación. Así se pone en contacto a los AA, implícitamente, con la entonación de los elementos lingüísticos de los ámbitos funcionales que se trabajarán en la unidad.

Una primera tarea de reutilización de los recursos y el vocabulario puede consistir en pedir a los AA que expliquen a sus compañeros una receta de cocina, su plato preferido, su especialidad...

Transcripción:

- Aquí tengo la receta de Jimena para las empanadas. ¿La leemos primero?
- ○ Sí, mejor.
- A ver... "Hierva el agua con la sal. En una sartén, caliente la margarina hasta que esté líquida. Ponga la harina en el mármol y añádale el agua y la margarina. Trabaje la masa hasta que quede homogénea..."
- ○ ¿Eso es todo?
- Para la masa sí. Y para el relleno pone: "Fría la carne con la cebolla picada, añada las pasas y los condimentos: el comino, la pimienta, la sal y el pimentón". Parece muy fácil, ¿no?
- ○ ¿Quieres que empiece?
- Vale.
- ○ ¿Puedes traerme la carne que está en la nevera?
- Toma... ¡Vaya! No tenemos pimentón...
- ○ ¿Quieres que vaya un momento a comprar?
- No, gracias, no hace falta... Es sólo para dar color.
- ○ Bueno, esto ya está.
- Mmm, qué bien huele... ¿Puedo probar un poquito?

⇨ Cuaderno de Ejercicios: 1 (usos del Imperativo)

EJERCITACIÓN

3 ●●●● Los AA tienen que organizar un discurso dando instrucciones o consejos a un compañero. Van a practicar el uso del Imperativo y la perífrasis **tener que** + *Infinitivo*, recursos que el A tendrá que simultanear en la expresión de la misma función.

●●●● Lo primero que habrá que hacer es presentar la morfología completa del Imperativo, sistematizada en la pg. 146, que todavía no conocen.

Si los AA prefieren otros temas, ellos mismos pueden crear su lista de instrucciones, por ejemplo, "para aprender español", "para entender un tema o conversación sin saber todo lo que se dice...", o sobre temas que ellos mismos propongan.

⇨ Cuaderno de Ejercicios: 3-11

4 ●●●● A partir de la comprensión de un texto escrito en el que se hace una petición, el A tendrá que escribir una carta, utilizando el vocabulario y los recursos presentados en la actividad 2.

Tanto en la actividad 2 como en ésta se trabaja dentro del registro coloquial, practicando diferentes destrezas.

●●●● Como complemento de la actividad, se puede pedir a los AA que expliquen oralmente una receta típica de su país. Los compañeros toman notas y, luego, se escribe un pequeño **recetario** con todas las de la clase (como una pequeña revista, un libro de "cocina internacional", etc.).

⇨ Cuaderno de Ejercicios: 2-12

5 ●●●● El A podrá transferir el uso del Imperativo y los recursos que se están trabajando en esta unidad a otro contexto, el mundo de la publicidad.

En esta actividad se integran varias destrezas. Los estudiantes tienen un modelo de anuncio que puede guiar las pautas de su trabajo (comprensión lectora). A partir de él tendrán que elegir en grupo el tema y la forma de presentación de su trabajo (interacción oral), para finalmente redactar las conclusiones (expresión escrita).

●●●● Los AA tendrán que reflexionar sobre las características de los mensajes publicitarios. Su anuncio tiene que intentar contenerlas (ser atractivo, directo, con juegos lingüísticos...). Los estudiantes pueden optar entre tratar a los receptores de **tú** o de **usted**, lo que impondrá un tono diferente a sus mensajes (sería muy fácil comprobarlo conjugando los verbos del anuncio de "Vivieco"). También se puede proponer que realicen algún dibujo que lo haga más atractivo.

Por último, la campaña publicitaria se puede presentar en un gran mural para exponer en el aula o en el centro de estudios, o se puede seleccionar el mejor anuncio para la revista de la clase, etc. Se trata de motivar la participación de los AA, ofreciéndoles una finalidad a su trabajo, a parte de la puramente lingüística.

⇨ Cuaderno de Ejercicios: 12

6 ●●●● Práctica de la interacción oral para dar instrucciones de uso de diferentes máquinas.

Dado que no hay ninguna consigna específica en el enunciado para usar un recurso u otro, los estudiantes pueden elegir entre el Imperativo, **tener que** + *Infinitivo* y **haber que** + *Infinitivo*.

7 ●●●● Se describen varias situaciones en las que los AA tendrán que simular que piden o conceden permiso con los recursos que se ejemplifican.

●●●● Convendría presentar primero las implicaciones pragmáticas derivadas de la petición de permiso: hay que justificar extensamente una petición (pg. 148), y, para concederlo, conviene repetir algún elemento de la aceptación (pg. 147).

También deberá hacerse notar a los AA que, cuanto más distante sea la relación entre los interlocutores, más hincapié se hará en este tipo de mecanismos y que, en cambio, en relaciones de mucha confianza o familiares, se relajarán notablemente.

⇨ Cuaderno de Ejercicios: 5-6

8 ●●●● Unas ilustraciones sirven de contexto a los AA para practicar una nueva función: cómo ofrecerse para ayudar y reaccionar ante esa oferta de ayuda.

●●●● Los AA tienen libertad para interpretar los dibujos, por lo que después de trabajar en parejas se puede proponer una puesta en común en la que aparecerán múltiples soluciones.

En la pg. 148 se conceptualizan los recursos que van a necesitar.

⇨ Cuaderno de Ejercicios: 7

9 ●●●● Siguiendo la misma mecánica que en la actividad 7, los AA tienen que pedir un favor y reaccionar a esa petición.

●●●● Para inferir las implicaciones pragmáticas que conlleva el acto de pedir un favor, se puede analizar el ejemplo. Es una situación que provoca cierta incomodidad para quien pide el favor, por eso se tiene que insistir en la necesidad de lo que se pide justificándolo, e, incluso, volver a insistir en ello (segunda intervención). El que concede el favor tiene que quitar importancia al acto.

También habrá que contemplar la posibilidad de **negar el favor**. Este acto va acompañado de detalladas disculpas y justificaciones, por ejemplo, cuando un amigo pide dinero:

● Lo siento mucho, no voy a poder. Es que mi madre me ha

encargado que le compre un par de cosas en el "super" y creo
que lo voy a tener justito. Vaya, lo siento, lo siento mucho.

Una de las dinámicas para realizar la actividad puede consistir en que cada pareja prepare unas tres situaciones de las que se describen, luego presentarán la petición al resto de la clase, y otras parejas reaccionarán a las peticiones (unas parejas piden y otras responden). Así los AA podrán reflexionar sobre la parte más complicada: la petición del favor (en realidad, siempre nos preparamos para pedir un favor), mientras que la reacción será espontánea, es decir, no estará condicionada por la preparación de la actividad.

10 ●●●● Los AA van a simular una visita al médico. Se presenta así un nuevo campo léxico, y se siguen practicando, en un contexto diferente, los recursos para dar instrucciones.

●●●● Primero, será necesario familiarizarse con todo el vocabulario que aquí se presenta, y el funcionamiento del verbo **doler**.

Una de las dinámicas posibles sería preparar breves escenificaciones en parejas para representar ante toda la clase.

⇨ Cuaderno de Ejercicios: 8 (vocabulario de las partes del cuerpo) -9

11 ●●●● En esta actividad los AA tendrán que reaccionar de forma libre y espontánea ante estímulos orales que corresponden a diferentes intenciones comunicativas (una petición de permiso, un favor, una propuesta de ayuda...).

●●●● Convendría que cada estudiante fuera anotando las respuestas de forma individual, para luego contrastar los resultados en una puesta en común.

[OO] **Transcripción:**

1.• ¿Te duele algo? ¿Te encuentras mal? ¿Quieres que llame a un médico?
2.• ¿Puedo cerrar la ventana, por favor? Es que tengo un frío...
3.• ¿Me puedes hacer un favor? Es que me he quedado sin dinero... ¿Me prestas dos mil pesetas?
4.• ¿Quieres que compre entradas para el concierto de Julio Iglesias?
5.• Perdone, ¿me puede hacer un favor? Es que necesito cambio para llamar por teléfono. ¿Puede darme cambio de mil?
6.• Perdone, soy el vecino de aquí al lado... Es que no tengo sal y estoy preparando la cena... ¿Puede prestarme un poco de sal, por favor?

⇨ Cuaderno de Ejercicios: 4-10

12 ●●●● Como ejercitación fonética se propone contrastar algunos enunciados trabajados en la unidad (frases con Imperativo, **tener que** + *Infinitivo*, **haber que** + *Infinitivo* e interrogativas para pedir algo con Presente de Indicativo). Los AA tienen que percibir cómo los cambios entonativos dependen de la sintaxis.

13 ●●●● Un anuncio publicitario proporciona información de un hecho importante en la realidad cultural española: la celebración de la Nochevieja.

Se propone al A un trabajo de comprensión lectora, primero sobre las recomendaciones a los conductores, y después sobre el contenido cultural (análisis e inferencia del significado de algunos términos, asociación y apoyo de la imagen al texto, etc.), ofreciéndose información complementaria a la del anuncio.

●●●● Los AA pueden hablar de las costumbres de sus países en la Nochevieja.

OBJETIVOS GENERALES

●●●● El A dispondrá de los recursos lingüísticos y pragmáticos para organizar un relato tanto oral como escrito, hacerlo progresar y reaccionar ante lo que está contando el interlocutor.

●●●● Se presentan:
- la morfología y usos del Pretérito Imperfecto,
- el contraste entre Pretérito Imperfecto/Pretérito Indefinido/Pretérito Perfecto,
- recursos para reaccionar ante un relato: **¡Qué bien! ¡Qué pena!**...
- la pronunciación de las consonantes palatales (**ñ, ch, ll, y**).

●●●● Se trabajará con textos periodísticos sobre el testimonio de tres inmigrantes, un fragmento del uruguayo Mario Benedetti, una leyenda contada por una chilena, y un texto que reproduce la estructura de los cuentos.

¿CÓMO LLEVAR *RÁPIDO* AL AULA?

MATERIALES Y ACTIVIDADES DE PRESENTACIÓN

1 2 ●●●● Con una nueva estrategia cognitiva, el análisis contrastivo, el A podrá descubrir el uso en contexto del Pretérito Imperfecto. Se trata de que se sensibilice ante los dos tipos de información que aparecen en los relatos, es decir, información sobre los hechos (uso del Pretérito Indefinido) e información sobre el entorno o las circunstancias en que ocurren (uso del Pretérito Imperfecto).

En la actividad 1 el A tiene que movilizar las estrategias de comprensión lectora para descifrar el contenido del texto.

En la actividad 2 se propone al A, ahora que ya conoce los hechos relatados por Manuel y no tendrá problemas con el contenido, que recurra a las estrategias de análisis de la lengua e inferencia de reglas para descubrir la morfología del Imperfecto. La práctica de una nueva estrategia, el análisis contrastivo, se aplicará para mostrar el uso del Imperfecto frente al Indefinido.

●●●● La actividad de comprensión lectora propuesta en el primer texto no debe presentar ninguna gran dificultad al A. Servirá como base para analizar los nuevos recursos (presentados a partir de los ya conocidos) y facilitar el reconocimiento de sus usos en el contraste con los ya estudiados.

Con el primer texto, a la vez que se trabaja la comprensión, se puede empezar a presentar los objetivos de la unidad en cuanto al uso del Indefinido en los relatos (la morfología del Indefinido ha sido presentada ya en la unidad 11, aunque si es necesario se puede hacer un pequeño repaso). Es decir, el P puede dirigir a los AA en su análisis con preguntas e instrucciones que les den la pista sobre el uso del Imperfecto y del Indefinido:

> • ¿Qué pasó a las diez más o menos?
> • Manuel recogió su maleta y la tarjeta de embarque rápidamente, ¿por qué?

Las pgs. 161 y 162 pueden apoyar el análisis que se tiene que hacer.

También se puede dirigir la atención del A hacia los recursos que aparecen para organizar el relato y para reaccionar a lo que se está contando (**y entonces**, **qué casualidad**, **después**...). Bastará con que los AA puedan identificar la intencionalidad de estos recursos.

En el segundo texto, se ha utilizado un recurso gráfico, el texto en color gris, para marcar toda la información que se refiere a las circunstancias que rodean los hechos y, que de alguna forma, constituiría la información secundaria. Este recurso gráfico es un apoyo que guía el trabajo del A.

⇨ Cuaderno de Ejercicios: 1

3 ●●●● Se presentan los recursos para reaccionar ante un relato y pedir más información al interlocutor sobre lo que está contando, así como una serie de ejemplos sobre las diversas maneras de articular, en interacciones orales, la descripción de circunstancias y el relato de los hechos.

El A tendrá que usar las estrategias de observación de la lengua, con las que ha estado trabajando desde el principio, para analizar qué tiempos verbales han escogido los hablantes según sus intenciones.

●●●● La pg. 162 puede ayudar a sistematizar los recursos que aquí se proponen. Entre todos se puede completar el esquema con otros exponentes (**qué fantástico**; **qué maravilla**; **ah, perfecto**; **qué horror**...). Una posibilidad es hacer una "lluvia de ideas" después de la lectura en voz alta de cada uno de los microdiálogos, así podrán concentrar su atención en la intencionalidad de las intervenciones.

Se puede proponer a los AA comentar los contextos, la relación entre los interlocutores, etc. para llegar a conclusiones sobre qué tipo de intervenciones pragmáticas se esperan en este tipo de intercambios comunicativos. Por ejemplo, el interlocutor tiene que reaccionar ante la narración de un hecho para hacer cooperativo el intercambio y hacer progresar así el relato, tiene que interesarse por lo que se está contando pidiendo más detalles, etc. Tal vez ayude a los AA pensar en cómo son las intervenciones en contextos semejantes en sus lenguas maternas.

EJERCITACIÓN

4 ●●●● Práctica morfológica controlada del Imperfecto para describir las circunstancias que envuelven un hecho, aunque con la libertad de transmitir el contenido y organizarlo de la forma que se crea más conveniente.

●●●● Después de haber reconstruido entre todos las circunstancias de cada historia, se puede proponer al A que ponga por escrito los relatos propuestos, para que organice todos los datos de que dispone. Tendrá que usar diferentes elementos (**y**, **o**, **pero**, **cuando**, **entonces**, **primero**, **después**, **luego**, etc.) para relacionar las informaciones entre sí y presentarlas con un orden.

Si los AA se muestran interesados, se puede hacer un pequeño concurso en el que se valore su fantasía contando la mejor historia de amor.

⇨ Cuaderno de Ejercicios: 3

5 ●●●● Práctica de la interacción oral para contrastar Indefinido/Imperfecto en intercambios del tipo pregunta/respuesta/reacción. El hablante se interesa por un hecho del pasado del que tiene cierta información que comparte con su interlocutor (LAS DOS PERSONAS SABEN QUE...) y reacciona ante la aclaración dada (si es buena noticia, compartiendo la alegría; si es una mala noticia, compartiendo la decepción, la desgracia, etc.).

El A se tendrá que fijar en qué relación con el presente tiene la acción para formular la pregunta correctamente.

●●●● Los AA en parejas tienen que interpretar las ilustraciones de la derecha, uno es el estudiante A y otro el B. Hay seis enunciados que presentan unos hechos, la clave de su interpretación, de las circunstancias que rodearon a los hechos, son los dibujos. Por ejemplo, en el 1:

Estudiante **B** (inicia la conversación el que tiene los interrogantes en su casilla):
● ¿Por qué no viniste a casa de Eva?

Estudiante **A**:
○ Es que tenía fiebre y estaba metido en la cama.

Los enunciados 3 y 5 son los únicos que no están en Pretérito Indefinido. Los AA formularán sus preguntas en los tiempos que les dan: Presente en el 3 y Pretérito Perfecto en el 5.

Las respuestas pueden constar de la descripción de las circunstancias más la información de los hechos:

● ¿Por qué te has comprado un ordenador nuevo?

○ Bueno, el mío ya era viejo y me estaba dando problemas.
Y, hace un mes, me compré otro.
● Ah, ¡qué bien!

⇨ Cuaderno de Ejercicios: 2-4-6-7

6 ●●●● Se trata de contextualizar unos hechos, o narrar unas circunstancias, interpretando las ilustraciones propuestas. Los AA practicarán el uso del *Gerundio* o **estaba** + *Gerundio*.

●●●● Para que los AA puedan iniciar sus explicaciones, puede proporcionárseles recursos muy característicos de este tipo de relatos, como:

• **Pues mira**, que estaba paseando tranquilamente cuando...
• **Ya ves**, ...
• **Pues nada**, estaba preparando la cena y pelando...
• **Ah, nada**. Que...
• **Bueno, pues**...

Los AA ya sabrán que después de la explicación que les va a dar su interlocutor, si quieren ser cooperativos pragmáticamente, tendrán que manifestar alguna reacción.

7 ●●●● Se trata de organizar un relato a partir de los datos propuestos. Los AA tendrán que negociar a qué datos confieren la categoría de información (para conjugar el verbo en Indefinido) y qué datos van a contribuir a la descripción de la situación (para usar el Imperfecto). Tendrán que decidir, también, qué tipo de relaciones sintácticas y discursivas son las más adecuadas a su historia.

●●●● El trabajo en grupos se puede realizar de varias formas. Se puede plantear como intervenciones libres de los AA. Así, se crea de forma natural un contexto con todas las características de la comunicación real (turnos de palabra, rectificaciones, retomar las palabras de otros, parafrasear para mejorar un enunciado, etc.).

También se puede formar una cadena, en la que cada A sabrá cuándo es su turno de palabra, y se lo podrá preparar.

Si el contenido de esta actividad ha sido bien acogido entre los estudiantes, se puede aprovechar la dinámica para que los AA creen sus propias historias y fichas en grupos para luego relatarlas. Se puede preparar con transparencias, en la pizarra, o en fotocopias; acompañarlas con algún cómic, etc.

8 ●●●● Práctica de la comprensión lectora de un texto construido como los cuentos tradicionales. Los AA irán conociendo qué pasó, y tendrán que reconstruir con Imperfecto cómo pasó, es decir, las circunstancias que provocaron o rodearon esos hechos.

●●●● Sería muy interesante que los AA recopilaran cuentos de toda la vida (*Caperucita Roja*, *La Bella Durmiente*, *El Gato con botas*, etc.). En grupos, podrían leer y trabajar cada uno con un cuento, y preparar un mural con ellos, o dejar huecos para rellenarlos entre todos después (de modo semejante a la actividad que se ha realizado), etc.

⇨ Cuaderno de Ejercicios: 8

9 ●●●● Los AA tienen que reacccionar a diferentes estímulos informativos de forma libre y espontánea, como si se tratase de una situación de comunicación real.

|◯◯| **Transcripción:**

1. ● Esta mañana, cuando venía, se ha estropeado el metro. Todo estaba oscuro, el metro parado...
2. ● ¿Sabes a quién vi ayer?
3. ● ¿Por qué no fuiste a la fiesta?
4. ● ¿Qué tal el último examen de español?
5. ● ¿Fuiste a España en vacaciones?
6. ● Ayer fui al dentista...
7. ● ¿Cómo conociste a tu mejor amigo?
8. ● Hacía un día estupendo. Hacía mucho sol, estaba precioso, yo estaba muy contenta...

⇨ Cuaderno de Ejercicios: 5

10 ●●●● En esta actividad los AA trabajarán las características del relato en un registro diferente, con muestras reales de textos periodísticos.

Luego, ellos mismos tendrán que escribir un texto semejante, valiéndose de los recursos de los textos que tienen delante y de los que ya conocen. Ya se han realizado actividades de inferencia y análisis de los nexos textuales (conectores discursivos), cuyos pasos ahora tendrán que aplicar.

También les será útil volver a reflexionar sobre las diferencias que existen entre los textos escritos y los orales.

⇨ Cuaderno de Ejercicios: 9

11 ●●●● Trabajo de fonética con las consonantes palatales.

●●●● El P puede proponer a los AA, tras el trabajo de observación y comentario, una actividad de discriminación con una lista de palabras que contengan estos fonemas.

12 ●●●● Se invita a especular sobre unos hechos a partir de la descripción de una situación. Se ha seleccionado un fragmento del escritor uruguayo Mario Benedetti como elemento motivador para generar cierto interés y curiosidad entre los AA.

Es una actividad libre que recopila los objetivos de la unidad. En las preguntas se ofrecen ciertas directrices o pistas como orientación a aquellos AA que no se sientan muy imaginativos.

13 ●●●● En esta tarea, una práctica de comprensión auditiva, que da a conocer un elemento cultural chileno: una leyenda que prepara una actividad de producción escrita.

Si en el grupo hay AA de la misma procedencia, el texto puede prepararse en parejas o pequeños grupos.

Transcripción:

● ¿Y en Chile?
○ Yo no me acuerdo mucho, pero bueno... Hay leyendas sobre..., en el sur de Chile hay mucha, así, belleza natural, las Araucarias y todo eso... Y entonces se dice que estaba el dios araucano, que ahora no me acuerdo cómo se llama, y que estaba allí descansando después de haber hecho a los hombres y a la naturaleza, bueno y todo, ¿no? Y que tenía todavía... le quedaban muchas cosas bellas en el bolsillo. Entonces se quedó dormido y el puma, que es así tradicional del lugar, hizo un agujero en el bolsillo y las cosas todas se cayeron y entonces, por eso, el sur de Chile es tan bonito.

OBJETIVOS GENERALES

●●●● Los AA van a conocer los recursos para referirse a acciones habituales en el presente y en el pasado, practicando las diferentes destrezas e integrándolas.

●●●● Se presentan:
- un nuevo uso del Pretérito Imperfecto,
- marcadores de frecuencia: **siempre**, **todos los días**, **normalmente**...,
- las perífrasis **empezar a** + *Infinitivo*, **volver a** + *Infinitivo*,
- recursos para expresar la interrupción de algo: **dejar de** + *Infinitivo*, **ya no**,
- la pronunciación del fonema /s/.

●●●● En esta unidad se comentan hábitos y costumbres de diferentes países, como parte del componente cultural. A partir de varios textos, se dan a conocer fenómenos socio-culturales españoles típicos como los horarios, el ocio en España, etc. También se da información sobre la celebración de las Navidades en varios países hispanos.

¿CÓMO LLEVAR *RÁPIDO* AL AULA?

MATERIALES Y ACTIVIDADES DE PRESENTACIÓN

1 ●●●● En esta comprensión lectora los estudiantes recibirán información sobre determinados hábitos sociales y culturales de los españoles. Tendrán que reflexionar sobre los contrastes interculturales y la importancia de observar estos comportamientos que condicionan el uso de la lengua (puesto que lengua y cultura son indisociables, conocer estos hábitos supondrá una actuación pragmática correcta, impidiendo malinterpretar algunos gestos, acercando a los AA a las implicaciones que se derivan de determinados comportamientos, etc.).

En el texto se narran hechos que se consideran habituales. Los AA analizarán el texto para descubrir el tiempo verbal y las expresiones temporales que se usan para expresar tal tipo de acciones.

●●●● Cada uno de los temas que se presentan en el texto puede ser objeto de comentario y contraste con los hábitos de los países de los AA. No se trata de sacar conclusiones sobre qué es lo mejor o peor, sino de constatar realidades a las que hay que acostumbrarse (horarios, saludos, despedidas, etc.) en caso de visitar el país cuya lengua se estudia.

Dado que el texto es extenso, se puede proponer trabajarlo en dos partes. Ya en la primera parte sería conveniente que analizaran el contenido y realizaran el análisis lingüístico propuesto. Los AA ya conocen la morfología del Presente de Indicativo,

solo tienen que hacer extensible su uso para hablar de las acciones habituales y aso-
ciarlas a las expresiones de frecuencia correspondientes.

Si se está o se ha visitado algún país hispanohablante, sería muy enriquecedor que
los estudiantes hablaran de sus propias experiencias. E, incluso, que el mismo P pro-
pusiera los temas (**cuánto gesticulan y hablan los españoles, las despedidas, cómo
son las discusiones, los horarios, qué se hace en los bares y cómo pagar**) antes de
leer lo que aquí se expone.

② ●●●● Los AA trabajarán con un texto oral para discernir los tiempos que se usan al hablar
de acciones habituales del pasado (Imperfecto de Indicativo) y de acciones habituales
del presente (Presente de Indicativo, que ya conocen por la actividad anterior). Después tendrán que manifestar acuerdo o desacuerdo sobre los diferentes temas y contrastarlos con la situación en su país.

●●●● Sería conveniente que los AA fueran apuntando en su libreta los temas y las diferencias entre la juventud del padre y la del hijo, para ir haciendo una referencia sistemá-
tica a los puntos que se tratan.

Además, convendría fijarse en los recursos orales del padre en su discurso. Es
decir, en cómo llama la atención sobre un dato: repitiéndolo enfáticamente (**a las diez
de la noche. A las diez en punto.**; **Y no se van. No se van.**), preguntas retóricas
(**Ahora ya no llaman, ¿para qué?**; **¿Trabajar ellos?**), juicios de valor (**¡Es incre í-
ble!**; **Es un desastre.**)...

Para conceptualizar los usos verbales se puede consultar la pg. 172.

[◯◯] **Transcripción:**

● Que no, que no, que los jóvenes de ahora no son como éramos nosotros... En mi época,
cuando yo tenía dieciséis o diecisiete años, salíamos por la tarde con los amigos y llegá-
bamos a casa a las diez de la noche. A las diez en punto. Y ahora, ahora es que nunca
sabes cuándo van a llegar... Unos días llegan a las doce, otros a las dos de la mañana, otros
a las ocho de la mañana... ¡Es increíble! Antes, cuando nos retrasábamos, llamábamos por
teléfono para avisar. Ahora ya no llaman, ¿para qué? Llegan tardísimo y tan tranquilos.
¿Y lo del dinero? Porque antes, en casa, nos daban el dinero justo para coger el autobús
y para ir al cine una vez a la semana o tomar una coca-cola. Ahora todos los días te piden
dinero: para ropa, para ir de copas, para ir a la discoteca... Como reyes, viven como reyes.
¿Cómo pueden necesitar tanto dinero? Porque antes, si necesitabas dinero, trabajabas:
unas clases particulares, cuidar niños, hacer encuestas, pero ahora no trabajan. ¿Trabajar
ellos? No, qué va. No pueden trabajar porque tienen mucho que estudiar. Y nosotros tra-
bajábamos, estudiábamos, nos divertíamos... Teníamos tiempo para todo. Ahora, están
siempre aburridos, no tienen tiempo para nada... Y no se van... No se van de casa. Antes,
al menos, teníamos problemas con nuestros padres, discutíamos y nos íbamos a vivir con
nuestros amigos. Ahora no. Ahora ya no se van de casa. Ahora en casa de sus padres están
muy bien y no quieren irse. Y no se van. No se van. En casa con sus papás hasta los treinta años o los cuarenta o los cincuenta... Es un desastre.

⇨ Cuaderno de Ejercicios: 6-7

EJERCITACIÓN

3 •••• Los AA practicarán las expresiones temporales que hacen referencia a la frecuencia con que se realizan las acciones.

•••• Después de rellenar la encuesta, tendrán que referir a sus compañeros los resultados, usando ahora verbalmente lo practicado (el Presente de Indicativo y las expresiones temporales).

⇨ Cuaderno de Ejercicios: 4

4 •••• Se propone un juego en el que se ejercitará, por una parte, el vocabulario básico de prendas de vestir y, por otra, la función de hablar de acciones habituales.

•••• Como hasta ahora no ha aparecido sistematizado todo el campo semántico de las prendas de vestir, se puede ampliar lo que apareceaquí con términos como **cazadora vaquera/de cuero**, **abrigo**, **vaqueros**, **minifalda**, **chaqueta**, **americana**, **traje**, **vestido**, **blusa**, **cinturón**, **pañuelo**, etc.

5 •••• Los AA tienen unos ejemplos de cómo referirse a las personas en general. Con estos ejemplos también se explica lo que son las "manías", como otra forma de reconocer las acciones habituales.

•••• El P tendrá que comentar el uso de **gente** en estas oraciones, así como otras expresiones que sirvan para referirse a las personas en general (pg. 173).

Este sería un buen momento para introducir el uso de las perífrasis que se proponen en la pg. 173 (**empezar a** + *Infinitivo*, **volver a** + *Infinitivo*, **dejar de** + *Infinitivo*), que los AA pueden necesitar para referirse a acciones habituales:

 • Me gusta empezar a comer cuando están todos sentados a la mesa.

⇨ Cuaderno de Ejercicios: 2 (expresiones para referirse a las personas en general) -3

6 •••• Los AA tendrán que referirse oralmente a sus costumbres y hábitos en diferentes días de la semana, conjugando los recursos que hasta ahora han practicado (marcadores de habitualidad, perífrasis, etc.).

7 •••• Práctica de la expresión escrita para describir el comportamiento habitual de los nativos de un país.

En cuanto a la forma de la carta, los AA tendrán que recordar las diferencias de estilo y tratamiento que impone el destinatario. Respecto al contenido, la actividad 1 es un buen punto de referencia sobre lo que aquí se está pidiendo, aplicado ahora a la descripción del país de origen del A.

Invitando a los AA a observar su propia cultura con distancia, con los ojos de un extranjero (Aliénez), se les ayudará también a ser receptivos respecto a otras culturas, a no prejuzgar negativamente "lo diferente" y a disponer de buenas estrategias para enfrentarse al componente cultural, indisociable, como ya se ha señalado, del idioma.

●●●● Si los AA no saben a qué hacer referencia, el P les puede ayudar apuntando temas: los horarios, el ocio, la alimentación, el "carácter" nacional, los hábitos comunicativos, etc.

⇨ Cuaderno de Ejercicios: 1

8 ●●●● De una forma lúdica, los AA tendrán que establecer los contrastes entre **el antes** (uso del Imperfecto de Indicativo) y **el ahora** (uso del Presente de Indicativo) comparando tres series de imágenes.

9 ●●●● Actividad para practicar la interacción oral estableciendo contrastes entre el pasado y el presente, aplicándolo exclusivamente aquí a la descripción de una persona. Los AA tendrán que aludir a los cambios en la forma de vestir, el físico, las aficiones, etc. de María Vanessa, para pasar después a hablar de sí mismos.

⇨ Cuaderno de Ejercicios: 8

10 ●●●● Con una dinámica diferente (un A pregunta y el otro responde), los AA harán referencia a las acciones que ocupaban su tiempo en el pasado y a las que dedican su tiempo en el presente.

11 ●●●● A partir de una comprensión auditiva, se propone a los AA seguir practicando el uso del Imperfecto y el Presente de Indicativo, comparando pasado y presente, con el tema "viajes con los padres y viajes sin ellos".

●●●● Se puede proponer a los AA que creen un cuadro, para facilitar la comprensión, en el que apuntar los diferentes datos, como por ejemplo:

	CON LOS PADRES	**SOLOS**
Comer	_____	_____
Dormir	_____	_____
Visitar	_____	_____
Desplazarse	_____	_____
Dinero	_____	_____
…	_____	_____

⊙⊙ Transcripción:

● Antes, cuando viajaba con mis padres, comía siempre en restaurantes buenísimos, dormía en hoteles estupendos, visitaba museos, monumentos, me movía en coche o en taxi, no me preocupaba ni por mi maleta ni por mi dinero. Es decir, que comía, dormía, hacía de todo... Eso sí, ahora que viajo solo, como en sitios malísimos, duermo o en la calle o en albergues, siempre voy andando o en autobuses, siempre llevo mi mochila a cuestas, y me preocupo muchísimo por mi dinero. Pero eso sí, hago lo que quiero.

⇨ Cuaderno de Ejercicios: 5-9

12 ●●●● Los AA podrán constatar, tras un trabajo de comprensión auditiva, las diferencias culturales que existen entre los países que hablan español, ejemplificadas con el tema de la Navidad.

●●●● La comprensión auditiva se puede ir haciendo por partes y poniendo en común lo que los AA van entendiendo. Al final, se puede proponer que los AA que se agrupen según su nacionalidad para contar cómo se celebran las Navidades en sus países.

⊙⊙ Transcripción:

□ En España se celebra la Nochebuena, o sea, el día 24 de diciembre por la noche. Toda la familia cena en casa de alguien. También se celebra el día 28 de diciembre, que es el día de los Inocentes, es un día para hacer bromas... Como el uno de abril en otros países... Luego está la Nochevieja, que es el día 31 de diciembre por la noche... Cuando suenan las doce de la noche, se come una uva con cada campanada. Trae suerte. Y luego, ya, está el día de los Reyes Magos, que es el 6 de enero. La noche del 5 de enero los niños ponen sus zapatos cerca de los balcones o de las ventanas y, cuando se despiertan, encuentran los regalos que les han traído los Reyes, o sea, Melchor, Gaspar y Baltasar, que son magos y vienen de Oriente.

● ¿Y en México, en Chile y en Colombia tenéis el día de Reyes también?
○ En México el día de Reyes es, éste, el 6 de enero.
● Es el 6 de enero.
○ Sí.
● ¿Y lo celebráis como aquí?
○ El día de Reyes se parte una rosca. Hay una rosca que tiene muñequitos y uno la parte,

¿no? Y..., bueno, si a uno le sale el muñequito tiene que hacer una comida con tamales el dos de febrero, el día de la Candelaria. Pero el día de Navidad, o sea el 25, ya cuando amanece, llega Santa Claus. Son los regalos para los niños y todo eso, ¿no?

● ¿Y pronunciáis Santa *Clos*?
○ Santa *Clos*.
● ¿Y en Colombia?
■ En Colombia, el 6 de enero, pues se sabe que es el día de los Reyes, pero lo único que se hace es que en los pesebres se ponen los muñequitos de los tres Reyes Magos, pero los regalos los trae Papá Noel el 25, pues el 24-25.
● ¿Y en Chile?
● En Chile no hay nada el día de Reyes.
● ¿Es un día normal y corriente?
◆ Sí, es un día normal.
● ¿Y no conocéis en Chile la tradición del día de Reyes?
◆ No.
● ¿Y en Navidad quién trae los regalos?
◆ El que se llama el viejo Pascuero o Santa Claus o Papá Noel.

13 ●●●● Descripción de las principales características del fonema /s/, distribución y alófonos.

14 ●●●● Se presenta otro aspecto cultural en la vida de los españoles a partir de un texto de Francisco Gavilán: la impuntualidad en las citas.

Los AA tendrán que manifestar qué opinión les merece este hecho y comentar alguna mala costumbre de su país.

●●●● Sería importante guiar la reflexión de los AA sobre el hecho de que para un español algo de impuntualidad no es tan criticable como lo sería en otras latitudes, y que, probablemente, un español no lo comentaría como una "mala costumbre".

El tema es extrapolable a todo el componente cultural: las calificaciones de "malas o buenas costumbres" surgen en el contraste con las de otros países. Acercarse a una nueva lengua, que vehicula una cultura distinta, es sólo posible si uno se desprende de prejuicios y valoraciones superficiales ante los nuevos códigos de conducta y comunicación.

OBJETIVOS GENERALES

●●●● El A conocerá los recursos para formular hipótesis y dar información con diferentes grados de certeza, refiriéndose al pasado, al presente y al futuro.

En intercambios en los que se están haciendo planes, podrá hacer propuestas y referirse a lo que desearía realizar, así como reaccionar ante las propuestas de los demás. También podrá hablar de acciones futuras que no están totalmente decididas, de cuestiones en las que intervienen elementos de duda, y podrá situar todo ello en el tiempo (relacionando acciones con **cuando**).

Se trabajarán los recursos para expresar condiciones irreales o improbables en el presente y en el futuro.

●●●● Se presentan:
- la morfología y usos del Futuro,
- la morfología y usos del Futuro Perfecto de Indicativo,
- la morfología y usos del Condicional,
- la morfología y usos del Imperfecto de Subjuntivo,
- las oraciones condicionales con **si**:
> - **si** + *Presente de Indicativo*
> - **si** + *Imperfecto de Subjuntivo*
- **cuando** + *Presente de Subjuntivo*,
- oraciones relativas con Subjuntivo,
- los operadores **a lo mejor**, **igual**, **seguro que**, **seguramente**, **quizá**, **tal vez** para formular hipótesis,
- la entonación de las frases condicionales.

●●●● Varios textos orales y escritos van a contextualizar las diferentes funciones de esta unidad. Cabe llamar la atención sobre el vocabulario de los viajes: el alojamiento, los transportes, etc.

La unidad concluye con una canción de un grupo de rock peruano sobre las diferencias sociales y unas estrofas de Antonio Machado.

¿CÓMO LLEVAR *RÁPIDO* AL AULA?

MATERIALES Y ACTIVIDADES DE PRESENTACIÓN

1 ●●●● Los AA escucharán a varios interlocutores formulando hipótesis sobre el hecho que ha provocado que multitud de gente se agolpe en medio de la calle. Primero, tendrán que analizar las intervenciones, que están transcritas, para descubrir cuáles son los recursos con los que se hacen hipótesis y, después, formular ellos mismos su propia hipótesis sobre el acontecimiento.

En esta actividad se presentan el uso del Futuro y el Futuro Perfecto de Indicativo en el ámbito de las hipótesis, y los operadores **a lo mejor**, **igual**, **seguro que**, **seguramente**, **quizá**, **tal vez**.

●●●● Antes de trabajar con las transcripciones y el análisis de los recursos empleados, sería conveniente que el P dirigiera la comprensión de la audición con preguntas, de tal forma que los AA pudieran reconstruir los contenidos de las hipótesis.

Es importante llamar la atención sobre la entonación de estas oraciones: de ella depende también el grado de seguridad que se quiere transmitir en la hipótesis.

Después, con las transcripciones, los AA tendrán que fijarse en los recursos empleados. Las pgs. 184 a 187 ayudarán a la sistematización de la expresión de la hipótesis referida al pasado y al presente. También habrá que presentar la morfología del Futuro y del Futuro Perfecto de Indicativo. Tal vez ayude a los estudiantes saber que las terminaciones corresponden al Presente de Indicativo del verbo **haber** sin **h**-, excepto para la segunda persona del plural que pierde una sílaba: h**e**, h**as**, h**a**, h**emos**, hab**éis**, h**an**; el acento recae en la terminación.

Luego, en interacción con todos los compañeros de la clase, se pueden ejercitar los recursos trabajados. Para esto, los AA tienen que fijarse en los detalles que proporciona la ilustración (un casco en la carretera, un ramo de flores, una cesta olvidada, unos ladrillos, etc.).

2 ●●●● Un texto oral, cuya transcripción también se facilita, contextualiza las formaspara hacer propuestas y discutirlas, y para llegar a un acuerdo.

Se presentan varios objetivos con esta actividad:

- morfología y usos del Condicional,
- morfología y usos del Pretérito Imperfecto de Subjuntivo,
- la expresión de la condición con la partícula **si**.

●●●● En el enunciado de la actividad se propone como mecánica que los AA lean el texto según lo van escuchando, dado que se presentan bastantes elementos y recursos nuevos.

Unas preguntas van a dirigir la comprensión del contenido, y una vez que los estudiantes no tengan problemas para interpretar la discusión de los interlocutores, tendrán que analizar los recursos que se han empleado. Pueden intentar tomar nota de todos, los que ya conocen y los que no, para disponer de todos los recursos:

- la morfología del Condicional usado aquí para hacer propuestas que la persona que habla desearía realizar ("**Podríamos** ir de Madrid..."),

- ¿**Y no** + *Condicional* ? ("¿**Y no podríamos ir** en...?"),

- ¿**Y si** + *Presente de Indicativo*?: el interlocutor considera que lo que propone es posible en el presente o en el futuro ("¿**Y si alquilamos** un coche?"),

- ¿**Y si** + *Imperfecto de Subjuntivo*?: el interlocutor considera lo expresado como algo improbable, los AA también tendrán que fijarse en la morfología del Imperfecto ("¿**Y si estuviéramos** menos días?"),

- ¿**Y por qué no** + *Presente de Indicativo*? ("¿**Y por qué no vamos** en tren...?").

Otros elementos que aquí aparecen contextualizados, pero que se irán trabajando a lo largo de la unidad son:

- oraciones de relativo con Subjuntivo: "hoteles **que sean** baratos",
- **cuando** + *Subjuntivo* para referirse al futuro, sin precisar la fecha: "**cuando estemos** allí decidimos...".

Con el fin de que los AA pratiquen la morfología del Imperfecto de Subjuntivo y del Condicional, el P puede proponer un juego muy sencillo. Se puede formar una cadena y formular frases condicionales de realización improbable, según el ejemplo:

> ● **Si** yo **viviera** solo, **tendría** una casa con jardín.
> ○ **Si tuviera** una casa con jardín, **construiría** una piscina.
> ■ **Si** mi casa **tuviera** una piscina, **invitaría** a todos mis amigos.

⇨ Cuaderno de Ejercicios: 1

EJERCITACIÓN

3 ●●●● Se propone una serie de imágenes a partir de las cuales los AA tendrán que preguntarse sobre lo que ha ocurrido, y, también, especular sobre las situaciones que observan.

Se practican la morfología y el uso en contexto del Futuro y el Futuro Perfecto de Indicativo para formular hipótesis, y los operadores introducidos en la actividad 1.

●●●● En la primera fase de la actividad los AA tendrán que hacer preguntas del tipo:

> ● ¿Quién **será**?
> ● ¿De quién **serán** estas llaves?

En la segunda, los estudiantes en parejas producirán intervenciones como:

> ● **Seguro que** este zapato es de algún borracho...
> ○ **O a lo mejor** de un ladrón que huye de la policía.

⇨ Cuaderno de Ejercicios: 3

4 ●●●● Los AA tendrán que simular encontrarse en las situaciones que se describen y formular hipótesis para explicarse lo que ocurre (como en el ejemplo que se proporciona). Se trata de seguir aplicando los recursos presentados en la actividad 1 que han ejercitado por separado en la actividad anterior.

Si los estudiantes analizan el ejemplo, se darán cuenta de que también pueden combinar, en una misma intervención, la pregunta sobre lo que ha pasado y formular una hipótesis:

- ¿Y no le **habrá pasado** algo? **A lo mejor** está enferma.

⇨ Cuaderno de Ejercicios: 2-5

5 ●●●● A partir de dos fichas con las ventajas y los inconvenientes de dos viajes, los AA tendrán que formular sus propuestas y tomar una decisión.

Para ello, practicarán la interacción oral con los recursos analizados en la actividad 2.

●●●● Al principio de esta actividad, habrá que dejar tiempo suficiente para que cada estudiante pueda leer y estudiar cuáles serán los objetivos de sus propuestas. Luego, en grupos, podrán discutir sobre su futuro viaje negociando qué tipo de vacaciones quieren, qué es lo más importante, cuánto se quieren gastar, cuánto tiempo quieren pasar, qué les conviene, etc. Los AA deberán hacer propuestas, rechazar o aceptar las de los compañeros, expresar condiciones, justificar, etc.

⇨ Cuaderno de Ejercicios: 4-6

6 ●●●● Con esta actividad los AA pueden usar el Futuro y el **si** condicional en un contexto diferente, dando indicaciones sobre direcciones.

●●●● El P tendrá que repartir fotocopias del plano de la siguiente página a uno de los miembros de cada pareja, que será quien recomiende la ruta que tiene que seguir su compañero. Para aconsejarle una ruta u otra también podrá preguntar a su compañero sobre sus gustos e intereses. El intercambio tendrá más o menos el siguiente esquema:

- preguntar dónde está y hacia dónde quiere ir

- respuesta

- preguntarle qué le gustaría ver

- respuesta

- aconsejar una ruta.

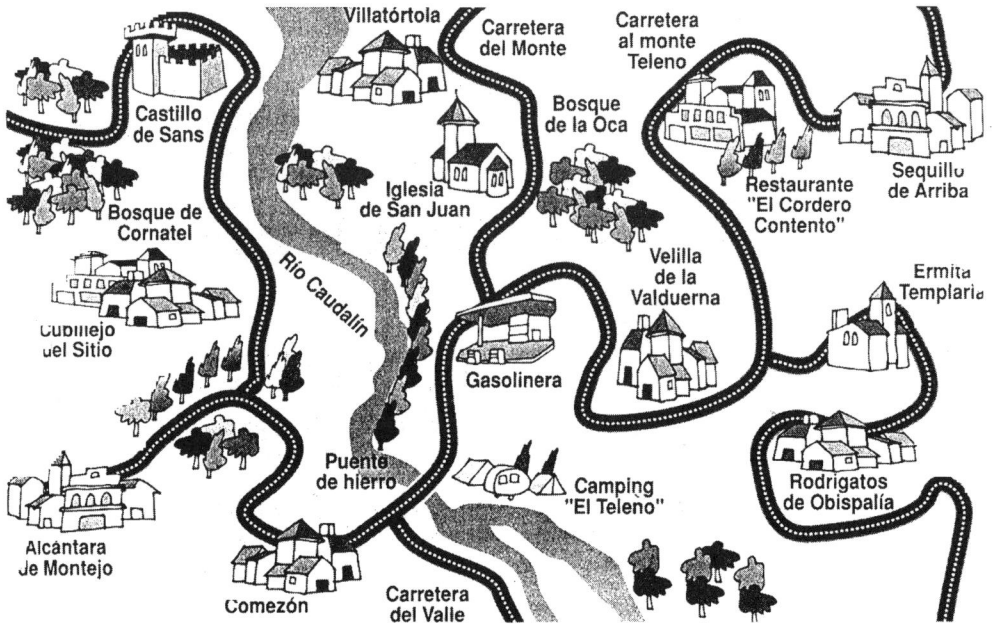

7 ●●●● Se practican las oraciones de relativo con Subjuntivo (con y sin preposición, y usando **que** y **donde**) para describir características de algo de lo que no se tiene aún conocimiento directo, es decir, de algo desconocido. Los AA disponen de unos ejemplos escritos semejantes a los anuncios que tienen que redactar ellos. Luego, tendrán que decidir entre todos cuáles les gustan más para su revista.

⇨ Cuaderno de Ejercicios: 9

8 ●●●● Práctica interactiva con el Imperfecto de Subjuntivo, usado para expresar deseos irreales.

⇨ Cuaderno de Ejercicios: 7-8

9 ●●●● Los AA leerán un texto formulado como una gran oración condicional en Imperfecto de Subjuntivo y con verbos en Condicional en la oración principal.

Las preguntas de comprensión que se formulan ayudarán a los AA a percibir el sentido crítico del texto.

●●●● Después de haber respondido a las preguntas planteadas, se puede trabajar sobre los verbos que aparecen para que los AA saquen conclusiones sobre la forma de expresar la irrealidad en el presente y en el futuro.

⇨ Cuaderno de Ejercicios: 11

10 ●●●● Se propone un juego para automatizar las formas del Imperfecto de Subjuntivo y del Condicional en su contexto. Los AA percibirán claramente que es un juego basado en hipótesis, y fijarán el uso y la morfología de estos tiempos verbales.

11 ●●●● Práctica interactiva en la que un A se interesará por el momento en el que se van a producir unos hechos, formulando las preguntas en Futuro, y el otro irá respondiendo, indicando periodos de tiempo o haciendo referencia a otro hecho con **cuando** + *Subjuntivo*.

●●●● Los AA producirán intercambios del tipo:

> ● ¿Sabes **cuándo se casará** Alfredo?
> ○ Pues **cuando encuentre** un piso, supongo.
>
> ● ¿Te ha dicho Alfredo **cuándo se casarán**?
> ○ Están buscando un piso, así que, supongo, que **cuando** lo **encuentren**.

⇨ Cuaderno de Ejercicios: 10

12 ●●●● En grupos de tres o cuatro, los AA se van a ejercitar oralmente los recursos y expresiones para formular hipótesis presentados en esta unidad (**quizá**, **tal vez**, **a lo mejor**, **seguro que**, **seguramente**, **igual**...), así como las oraciones condicionales. Los intercambios comunicativos serán del tipo:

- preguntar qué se va a hacer en una fecha o periodo de tiempo,
- responder con diferentes grados de seguridad,
- reaccionar,
- aludir a las razones que condicionan la respuesta.

13 ●●●● En esta conversación aparece un campo léxico nuevo para los AA que les puede ser de gran utilidad en sus desplazamientos por un país hispano. Los AA tienen que responder a las preguntas de comprensión que se plantean en la actividad.

●●●● Si el P lo cree conveniente, puede pedir a los AA que se fijen en los tiempos verbales que se utilizan: el Presente para transmitir la información y el Condicional tanto para formular las preguntas cortésmente como para referirse a lo que podría realizarse ("¿Ustedes **vendrían** de Frankfurt a Madrid?", "¿Y **tendríamos** tiempo para enlazar...?").

Al finalizar la actividad, se puede proponer a los AA que preparen diálogos semejantes para interpretar delante de toda la clase y practicar el vocabulario y los recursos aquí trabajados.

⊙⊙ Transcripción:

- ● Iberia. Buenas tardes.
- ○ Buenas tardes. Quería información sobre los vuelos a San Juan de Puerto Rico, por favor.
- ● ¿Desde dónde?
- ○ Desde Madrid.
- ● Pues a ver... Tiene dos vuelos directos Madrid-San Juan, los jueves y los sábados, a las 13h 15.
- ○ ¿Y a qué hora llegan a San Juan?
- ● A las 16h 35 hora local, hora de San Juan.
- ○ ¿Cuánto tarda el vuelo?
- ● Ocho horas, veinte minutos. Y luego tiene un vuelo que sale los lunes, a las 16h 45, que no es directo.
- ○ ¿Que no es directo?
- ● No, no es directo. Hace escala en Santo Domingo y llega a San Juan a las 22h 15.
- ○ ¿Y me podría decir el precio del billete?
- ● ¿Ida y vuelta regular?
- ○ Sí, ida y vuelta regular y en clase turista.
- ● A ver... Mire, si pasa siete días como mínimo, tiene una tarifa APEX, que sale por 180.940 pesetas. Y si toma una tarifa normal, entonces vale 390.600 pesetas.
- ○ Señorita, ¿y si cogemos el vuelo de los jueves o sábados podemos enlazar desde Frankfurt?
- ● ¿Ustedes vendrían de Frankfurt a Madrid?
- ○ Sí, y nos interesaría salir de Frankfurt el mismo día.
- ● Pues un momento, por favor... Sí, mire, pueden hacer el enlace si toman el primer vuelo de Frankfurt a Madrid. Es un vuelo diario que sale de Frankfurt a las 7h 55 y que llega a Madrid a las 10h 15.
- ○ Y tendríamos tiempo para enlazar con el vuelo a San Juan.
- ● Sí, sí, sin ningún problema.
- ○ Bueno, pues, muchas gracias.
- ● Adiós. Buenas tardes.

14 ●●●● Práctica fonética de la entonación de las oraciones condicionales.

15 ●●●● En la clase se podrá crear un momento de relax y distensión con esta canción. Los AA responderán a las preguntas que dirigen la comprensión y de las que tendrán que extraer el mensaje: el sol sale para todos, pero las diferencias de clase se muestran claramente a través de los hábitos, de lo que se come, de lo que se hace, etc.

16 ●●●● Con estas estrofas de Antonio Machado (1875-1939) se acerca a los AA al universo literario de uno de los poetas españoles más conocidos.

●●●● Se pueden generar en el aula diferentes dinámicas para explotar el contenido de estas estrofas. Tal vez lo más recomendable sea preguntar a los AA qué sentimientos les provoca su lectura, y conducir estas preguntas a una discusión sobre los recuerdos, el tema de querer-olvidar y morir-aprender.

⇨ Cuaderno de Ejercicios: 12

OBJETIVOS GENERALES

●●●● Los AA podrán referir las palabras de otros, transmitir mensajes e informaciones de textos escritos, y reaccionar ante tales informaciones.

●●●● Se presentan:
- la morfología y usos del Pluscuamperfecto de Indicativo,
- el estilo indirecto: correspondencias temporales, verbos introductorios, recursos para aludir a la fuente de una información y hacerla más o menos propia (**al parecer**, **según dicen**...),
- cómo reaccionar ante una información: **creía/pensaba que**..., **no sabía que**...
- entonación de las oraciones de estilo indirecto.

●●●● El A escuchará una canción del grupo español Los Hombres G, y leerá un fragmento de la novela *Primavera con una esquina rota* de Mario Benedetti. Ambos textos tienen relación con el ámbito funcional de esta unidad, el discurso referido.

¿CÓMO LLEVAR *RÁPIDO* AL AULA?

MATERIALES Y ACTIVIDADES DE PRESENTACIÓN

1 ●●●● Los AA tienen que analizar, a partir de un texto oral y su transcripción, las transformaciones que son necesarias al referir las palabras de otro, es decir, en el estilo indirecto.

Para guiar el análisis que tienen que llevar a cabo los AA, se formulan preguntas sobre el contenido, comparando los mensajes y su trasmisión en diferentes circunstancias temporales, y con interlocutores cuya relación personal también varía.

Posteriormente, tendrán que inferir algunas reglas sobre los cambios de los tiempos verbales:

- Futuro o Presente referido al futuro ⟶ Futuro o Condicional
- Imperativo ⟶ Presente o Imperfecto de Subjuntivo

y los verbos que los introducen (**decir** y **preguntar** en el ejemplo).

Al comparar este proceso con los correspondientes en su lengua materna cuando se tienen que transmitir mensajes, los AA se darán cuenta de que la dinámica generada es muy semejante: se transmiten contenidos, no se repiten las palabras literalmente, el punto de vista del hablante respecto a lo dicho introduce modificaciones, etc.

●●●● Como control de comprensión, se puede pedir a los AA que hagan un resumen de la historia, así comprobarán que la han entendido aun sin haber estudiado el estilo indirecto.

Sería interesante trabajar con las pgs. 199 y 200 para que los estudiantes puedan tener la referencia de todos los elementos que intervienen al referir las palabras de otro.

⇨ Cuaderno de Ejercicios: 1

2 ●●●● Se presentan y practican los recursos para reaccionar ante diferentes tipos de información, reformulándola de nuevo (**no sabía que**, **no tenía ni idea de que...**) o remitiéndose a la información que se tenía (**yo creía/pensaba que...**) con Imperfecto de Indicativo.

Los AA tendrán que fijarse también en los recursos para indicar que se transmiten palabras de otro y de cuyo contenido el emisor no se responsabiliza (**al parecer**, **por lo visto**, **según dice X**, **según X**, **pone en X que**).

●●●● Para realizar esta actividad los AA tienen que leer primero las consignas y practicar los operadores propuestos, reaccionando a las informaciones que irá leyendo el P.

Después, tienen que trabajar con los textos para señalar cómo el hablante se distancia de la información que transmite, cómo se manifiesta incredulidad, etc.

EJERCITACIÓN

3 ●●●● Práctica del estilo indirecto en la transmisión de órdenes (uso del Presente o del Imperfecto de Subjuntivo).

●●●● Los AA asumirán los papeles que aquí se indican, previamente asignados. Conviene que se fijen en que los personajes de esta simulación mantienen una relación formal.

⇨ Cuaderno de Ejercicios: 2

4 ●●●● Los AA tienen que transformar diferentes tipos de enunciados teniendo en cuenta los contextos en que se transmiten. Entre los cambios verbales que tendrán que hacer, se encuentra el del Perfecto de Indicativo por Pluscuamperfecto de Indicativo(en el último enunciado), para lo cual habrá que presentar su morfología.

⇨ Cuaderno de Ejercicios: 8-9

5 ●●●● En esta actividad, los AA tienen que referir, realizando las transformaciones necesarias, una serie de conversaciones en las que han participado. También tendrán que ceñirse, como en la actividad anterior, a las consignas que se dan sobre el momento y las circunstancias en las que se transmiten.

●●●● Convendrá insistir en que nunca se trata de una reformulación literal sino que el hablante, en condiciones normales, resume el contenido esencial, obviando o adaptando muchos elementos de los enunciados iniciales.

⇨ Cuaderno de Ejercicios: 3-4-5-6

6 ●●●● En parejas, los AA practicarán la interacción oral transmitiendo informaciones obtenidas de periódicos y reaccionando ante ellas.

●●●● La actividad será más rentable, y más próxima a una interacción real, si sólo un A de cada pareja, el que da la información, tiene el libro abierto. Su compañero deberá, de este modo, reaccionar espontáneamente.

⇨ Cuaderno de Ejercicios: 10

7 ●●●● Los AA tienen que escribir los recados que van a ir escuchando. Dejar mensajes escritos, en los que aparezca la información más relevante, es otra de las situaciones con que el estudiante se puede encontrar.

●●●● Sería conveniente analizar los recursos empleados para expresar a nuestro interlocutor que queremos dejar un mensaje, la forma dependerá de la relación personal que tengamos con quien hablamos:

- **¿No está, dices? Bueno, no importa. Mira, soy Paco. Dile, por favor, que...**

- **¿Le puede dar un recado, por favor? Que...**

- **Bueno, pues dile, por favor, que...**

- **Pues le dices que...**

- **¿Usted puede darle un recado, por favor? Mire...**

Tras la realización de la actividad, puede resultar motivador que sean los propios AA quienes inventen recados que un compañero deberá transmitir al interesado, un tercer miembro de la clase.

🔲 **Transcripción:**

1. • ¿No está, dices? Bueno, no importa. Mira, soy Paco. Dile, por favor, que he llamado y que me llame urgentemente. Es por una cuestión de trabajo.

2. • ¿No está? Buf, ¡qué lío! ¿Le puede dar un recado, por favor? Que esta tarde, a las siete y media, voy al médico y no quiero ir sola... A ver si me puede acompañar. ¿De acuerdo? Ah, soy su madre. Muchas gracias.

3. • ¿Que no está? ¿A estas horas? Bueno, pues dile, por favor, que vaya a las siete de la tarde al Bar Comercial porque ha venido Elisabeth de Londres y quiere verlo. ¿De acuerdo? A las siete, en el Bar Comercial.

4. • Pues le dices que mañana mismo me traiga el libro de Historia porque tengo un examen pasado mañana. Y que no se olvide. Y si no puede traérmelo, que me llame esta noche.

5. • ¿Usted puede darle un recado, por favor? Mire, le llamamos de la Policía. Hace un rato hemos encontrado su cartera y su agenda en la Gran Vía. Para pasar a recogerlas, debe venir de 9 a 2 ó de 4 a 7 a la Comisaría de Gran Vía. Gran Vía, número 56. ¿Se lo dirá? Pues muchas gracias.

8 ●●●● Práctica de la comprensión lectora con una serie de enunciados formulados con la estructura **pensaba/sabía/creía que** + *Imperfecto de Indicativo*.

●●●● Los AA pueden ordenar la información para encontrar la solución rellenando el siguiente cuadro:

Ramón Lladre	Carmen Facinerosa	Marcelo Padrino	Maruja Manolarga	Diego Aquitepillo

9 ●●●● Los AA reaccionarán ante diferentes enunciados escritos, manifestando qué tipo de información tienen ellos sobre esos datos y la credibilidad que les otorgan.

●●●● Solución a las informaciones falsas:
- Cristóbal Colón descubrió América en 1492.
- 3 de octubre: día de la Reunificación Alemana.
- El primer teléfono lo construyó el escocés A. Graham Bell en 1876.
- Avianca: Compañía de Aviación Colombiana.

10 ●●●● Práctica fonética sobre la entonación de las oraciones de estilo indirecto, comparándolas con las oraciones enunciativas afirmativas.

⇨ Cuaderno de Ejercicios: 7

11 ●●●● Los AA van a escuchar una canción en la que se emplea el estilo indirecto. Pertenece al álbum de los Hombres G *Agitar antes de usar*, del año 1988.

En la actividad se formulan unas preguntas que guían la comprensión auditiva y se pide a los estudiantes que anoten las oraciones de estilo indirecto que aparecen.

●●●● En la consigna de la actividad se propone un trabajo en parejas que luego puede aprovecharse para que los AA preparen una representación de la conversación telefónica, pasándola a estilo directo.

Transcripción:

La madre de Ana dice
que no está,
que no quiere hablar conmigo
y que no la vuelva a llamar,
que no vuelva a molestar
y que Ana ya no saldrá jamás.

Sólo sale los domingos,
media hora nada más,
ella dice que va a misa
y me espera en un lugar
donde nadie pueda vernos
pero sí poderla besar,
luego Ana corre a casa una vez más.

Yo la miro
cómo entra en su portal.
No hace ruido al cerrar.
Ya ha subido, añorándose de mí,
repasándose el carmín,
porque la madre de Ana
no lo debe notar
y yo me quedo solo
una semana más.

12 ●●●● Un fragmento del uruguayo Mario Benedetti, muy representativo de la historia reciente de Latinoamérica, cierra esta unidad. En él, Beatriz refiere a su madre una discusión con una compañera de clase tras la que se adivina toda la problemática del exilio.

OBJETIVOS GENERALES

●●●● En esta última unidad se propone trabajar con el ámbito funcional de la expresión de la opinión. En él se engloban procesos discursivos tales como expresar acuerdo y desacuerdo, controlar la comunicación, retomar algo ya dicho o presupuesto, etc., en los que los AA tendrán que movilizar no sólo los recursos que aquí se presentan sino también los que han venido presentándose y ejercitándose en el transcurso de las dieciséis unidades anteriores.

Para logar este objetivo se han seleccionado temas muy diversos, presentados a través de textos que harán trabajar a los AA tanto las destrezas como las estrategias que propician el aprendizaje de lenguas.

●●●● Se presentan:
- el uso del Subjuntivo en:
    - oraciones subordinadas sustantivas,
    - oraciones con **aunque**,
    - oraciones con **para que**,
- **sino (que)**,
- **para que** + *Subjuntivo* y **para** + *Infinitivo*,
- construcciones con **lo**:
    - **lo de** + *sustantivo,*
    - **lo** + *adjetivo* + **es que**...,
- las pausas en la entonación.

●●●● Se trabajará con una variada tipología de textos e intenciones comunicativas, como por ejemplo, el lenguaje conciso de las pancartas, el de los medios de comunicación, citas de pensadores ilustres, un poema de Miguel Hernández, una canción de un grupo español, etc.

Los AA escucharán un debate, en el que los participantes toman la palabra, son interrumpidos en su turno de intervención, exponen ideas complejas, retoman ideas ya planteadas, se remiten a opiniones formuladas con anterioridad, etc.

¿CÓMO LLEVAR *RÁPIDO* AL AULA?

MATERIAL Y ACTIVIDADES DE PRESENTACIÓN

1 ●●●● Se contextualizan nuevos usos del Subjuntivo (en oraciones subordinadas sustantivas con los verbos **querer**, **pedir**, **necesitar**, **exigir** y **aceptar**, con **aunque** y oraciones con **para que**) en textos periodísticos sobre los incidentes y la polémica que la utilización de unos terrenos vacíos ha ocasionado en un barrio imaginario.

Los AA leerán las pancartas de una manifestación y unos recortes de periódicos para situar los acontecimientos. Después de responder a las preguntas de comprensión que se formulan, tendrán que analizar el lenguaje empleado para descubrir los nuevos usos del Subjuntivo y, luego, producir oraciones semejantes.

●●●● En esta actividad se van a trabajar, por un lado, los objetivos sintácticos y funcionales, descubriendo nuevos usos del Subjuntivo, y, por otro lado, el canal de comunicación: las pancartas y los recortes de los periódicos con los titulares.

Para lo primero, el P tendrá que pedir a los AA que busquen todas las frases en las que aparece el modo Subjuntivo, después analizarán qué elementos condicionan su uso en la frase subordinada:

> Los vecinos **exigen que**...
> Nosotros sólo **pedimos que**...
> No **acepto que**...
> Todos **necesitamos que**...
>
> **Para que** se solucionen...
> **Aunque** algunos no lo acepten...

La pg. 213 ayudará a sistematizar estos usos.

Los AA también tienen que prestar atención a las características del lenguaje en estos contextos, es decir, al lenguaje específico. Por ejemplo, en las pancartas se usan frases hechas, rimas, no aparecen verbos, etc.; o en los dos primeros titulares de periódicos se sobreentiende el verbo **estar**.

⇨ Cuaderno de Ejercicios:1

2 ●●●● Se contextualizan, en un debate televisivo, los recursos para:

- preguntar la opinión sobre un tema y formular opiniones,
- manifestar acuerdo,
- controlar la comunicación, pidiendo una reformulación y reformulando.

Además, el A trabajará con **sino** (**que**) y las construcciones con **lo** (**lo de** + *sustantivo*, **lo** + *adjetivo* + **es que**...).

Los AA tendrán que manifestar su opinión después de haber oído y leído las diversas posturas y opiniones sobre el tema de debate, que es el mismo de la actividad 1 pero expresado con otro tipo de textos.

●●●● En el debate, las opiniones giran en torno a las cuatro propuestas identificadas en la actividad 1, definiéndose la postura de los cuatro grupos. Aunque se habla de lo ya presentado en los titulares de los periódicos, convendría que los AA hicieran un cuadro y lo completaran con los textos de la actividad 1 y 2, que podría tener la siguiente estructura:

GRUPO	REIVINDICACIONES
Ayuntamiento	residencia de extranjeros ...
La gente del barrio/la Asociación de vecinos	un local, un lugar para que los niños hagan deporte, se reúnan ...
Los comerciantes	un parking ...
La Asociación Ciudad Verde	conservar el bosque ...
La moderadora	pregunta sobre la posibilidad de combinar soluciones ...

Antes de que los AA entren en el debate tomando partido por uno de los grupos participantes, tendrán que analizar los recursos empleados para cada uno de los ámbitos funcionales que aquí se incluyen (expresados en los objetivos de esta actividad). Las pgs. 213 y 214 de la gramática pueden servir de pauta para su análisis (después de trabajar con los recursos que se presentan, se podría tratar de localizarlos en el texto y ver cómo se imbrican).

Por otra parte, los AA ya conocen algunos recursos para expresar opiniones y manifestar acuerdo o desacuerdo, para expresar causa y justificación, etc. (presentados, por ejemplo, en la unidad 10), que sería conveniente que ahora, y a lo largo de esta unidad, reactivasen.

⇨ Cuaderno de Ejercicios: 2-3

EJERCITACIÓN

3 ●●●● Práctica de **lo de** para referirse a informaciones y temas cuyo conocimiento comparten los interlocutores, y de **no... sino** (**que**) para corregir informaciones.

●●●● Puede ser conveniente presentar la construcción **lo de que** + *oración* o **lo de** + *Infinitivo* para que los AA puedan referirse a cualquier tipo de información ya mencionada en el discurso:

• Es cierto **lo de que** los españoles desayunan poco. Yo, cuando estuve en España, lo pasé fatal.

Una de las posibles mecánicas para trabajar esta actividad puede consistir en que el P vaya leyendo en voz alta cada una de estas informaciones, y que los AA vayan realizando en voz alta sus comentarios.

Si se quiere hacer un trabajo más reflexivo e individual para la fijación de la construcción **lo de** y **no... sino** (**que**), se puede pedir a los AA que escriban una oración como reacción a cada una de las afirmaciones. Luego se corregirán entre todos en una puesta en común.

⇨ Cuaderno de Ejercicios: 5

4 ●●●● Los AA tienen que reaccionar espontáneamente ante diferentes opiniones, usando los recursos para expresar acuerdo y desacuerdo.

5 ●●●● En grupos, los AA leerán la opinión de personas de ocupaciones y edades diversas sobre una tradición polémica, las corridas de toros. Luego, tendrán que manifestar su propia opinión, refiriéndose a las ya leídas (expresar acuerdo y desacuerdo).

La actividad tiene, como es obvio, una finalidad cultural: ofrecer una visión plural y representativa de las diferentes actitudes de los españoles ante los toros, y combatir la idea de que todo el mundo en España es aficionado a la llamada "fiesta nacional".

●●●● Se pueden hacer grupos de tres o cuatro personas y se elegirá a uno de los AA como portavoz para exponer delante de los demás las opiniones que se han manifestado en su grupo.

⇨ Cuaderno de Ejercicios: 4-6

6 ●●●● Práctica del uso de **aunque** + *Subjuntivo* para contrastar o contradecir una idea compartida con una información nueva.

En la actividad se ofrece el esqueleto de la estructura que los AA tienen que verbalizar, con la descripción del contexto y la información que los hablantes comparten.

Una vez que hayan interiorizado esta mecánica, se les pide que practiquen en una interacción libre la misma estructura.

7 ●●●● Después de leer unos titulares de periódicos, los AA van a ejercitarse en el uso de **para que** + *Subjuntivo*, buscando soluciones para cada una de las agresiones contra minorías que aparecen denunciadas.

Tendrán que debatir las diferentes informaciones entre todos los miembros de la clase y escribir un documento que refleje las soluciones que se han ido dando.

⇨ Cuaderno de Ejercicios: 9

8 ●●●● A partir de las informaciones que se dan sobre diferentes personas, los AA tendrán que imaginar sus relaciones y formularlas con oraciones subordinadas sustantivas con Subjuntivo, eligiendo los verbos de la oración principal.

●●●● Seguramente los AA no se fijarán en las mismas cosas, ni las formularán de un único modo, por lo que puede ser enriquecedor realizar una puesta en común.

⇨ Cuaderno de Ejercicios: 7-8

9 ●●●● Actividad en la que se ejercitan la comprensión lectora y la interacción oral. Las preguntas que se plantean son una revisión de las estrategias de comprensión lectora (el estudiante tiene que saber qué ha leído y extraer la idea principal o el sentido general). También se propone una práctica libre en la que se ejerciten los recursos para manifestar acuerdo y desacuerdo.

⇨ Cuaderno de Ejercicios: 10

10 ●●●● Los AA disponen de informaciones escritas sobre datos curiosos de la sociedad actual, que provocarán en ellos diferentes reacciones. Entre todos tienen que comentar estas noticias y realizar las operaciones que se indican, para lo que se ofrecen algunas estructuras de apoyo, como pauta para activar los recursos de control de la comunicación.

Luego tendrán que practicar la producción escrita expresando sus ideas sobre uno de los temas, recordando que el lenguaje escrito y el oral tienen sus peculiaridades.

⇨ Cuaderno de Ejercicios: 11

11 ●●●● Práctica de la comprensión lectora con un poema de Miguel Hernández. Los AA practicarán los recursos para controlar la comunicación y para integrar sus interpretaciones en un discurso activo de toda la clase.

12 ●●●● Los AA tienen que comprobar si las afirmaciones que se hacen en el texto se corresponden con el contenido de la audición.

●●●● Después de la comprensión auditiva, los estudiantes pueden poner en común sus comentarios sobre lo que acaban de escuchar y exponer sus propias opiniones.

[OO] Transcripción:

- ● Aunque a mí me gustan las chicas creo que intentan actuar de una forma demasiado adulta con lo que ellas son. Sobre todo se nota cuando se intentan relacionar con personas mayores, mientras que tienen personas de su edad con las que se pueden relacionar perfectamente.
- ○ No estoy totalmente de acuerdo. Yo creo que las chicas maduramos antes y hay una edad en que tenemos gustos similares con personas mayores. Luego llega una edad que con los de nuestra edad es fenomenal.
- ■ A mí todo eso me parecen tonterías.
- ◆ ¿Por qué?
- ▽ Porque pienso que cuando uno crece, crece de forma igual, tenga la edad que tenga y sea del sexo que sea.

13 ●●●● Práctica fonética sobre las pausas y la entonación después de cada unidad de sentido.

14 ●●●● La unidad concluye con una canción de un grupo español, El último de la fila. La actividad comienza con una propuesta que prepara el cotenido de la audición. Luego, plantea unas preguntas que guían su comprensión.

[OO] Transcripción:

Esta mañana al salir a patrullar,
hallamos muerto al soldado Adrián.
Como manda el reglamento
procedimos a buscar
los objetos que llevara
y sólo hallamos esta carta:

"Querida Milagros, llevo seis días aquí.
Te echo de menos, no puedo vivir sin ti.
He visto las explosiones,
brillando a mi alrededor.
Tengo miedo, no lo oculto,
sólo me queda tu amor.

Por ahora la suerte me ha sonreído;
necesito verte, aquí no hay amigos;
no estaría de más que alguien me explicara
qué tiene esto que ver contigo y conmigo.

Querida Milagros, queda tanto por vivir...
Sería absurdo dejarse la piel aquí.
Querida Milagros, aún no he
podido dormir. Un sueño frío
me anuncia que llega el fin.

Cuando leas esta carta
háblales a las estrellas,
desde que he llegado aquí
sólo he hablado con ellas.

He visto a los hombres llorar como niños;
he visto a la muerte como un ave extraña,
planear en silencio sobre los caminos,
devorar a un sol
que es tuyo y es mío.

Querida Milagros, llevo seis días aquí,
te echo de menos, no puedo vivir sin ti.
Querida Milagros, queda tanto por vivir...
Sería absurdo dejarse la piel aquí.

Querida Milagros, llevo seis días aquí,
muchos han muerto, casi todos morirán.
Querida Milagros, me tengo que despedir,
siempre te quiere:
tu soldado Adrián."